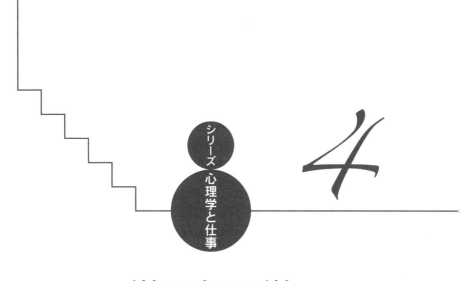

学習心理学

太田信夫 監修
中條和光 編集

北大路書房

主に活かせる分野／凡例

 医療・保健

 福祉・介護

 教育・健康・スポーツ

 司法・矯正

 産業・労働・製造

 サービス・販売・事務

 IT・エンジニア

 研究・開発・クリエイティブ

 建築・土木・環境

監修のことば

> いきなりクエスチョンですが，心理学では学会という組織は，いくつくらいあると思いますか？
>
> 　　　　　　10？　20？　30？　50？
>
> 　　　　　　　　　　　　　　　　　　　　（答 ii ページ右下）

　答を知って驚いた方は多いのではないでしょうか。そうなんです。心理学にはそんなにもたくさんの領域があるのです。心理学以外の他の学問との境界線上にある学会を加えると 100 を超えるのではないかと思います。

　心理学にこのように多くの領域があるということは，心理学は多様性と必要性に富む学問である証です。これは，心理学と実社会での仕事との接点も多種多様にさまざまであることを意味します。

　折しも心理学界の長年の夢であった国家資格が「公認心理師」として定められ，2017 年より施行されます。この資格を取得すれば，誰もが「こころのケア」を専門とする仕事に従事することが可能になります。心理学の重要性や社会的貢献がますます世間に認められ，大変喜ばしい限りです。

　しかし心理学を活かした仕事は，心のケア以外にもたくさんあります。私たちは，この際，心理学と仕事との関係について全体的な視点より，整理整頓して検討してみる必要があるでしょう。

　本シリーズ『心理学と仕事』全 20 巻は，現代の心理学とそれを活かす，あるいは活かす可能性のある仕事との関係について，各領域において検討し考察する内容からなっています。心理学では何が問題とされ，どのように研究され，そこでの知見はどのように仕事に活かされているのか，実際に仕事をされている「現場の声」も交えながら各巻は構成されています。

　心理学に興味をもちこれからそちらへ進もうとする高校生，現在勉強中の大学生，心理学の知識を活かした仕事を希望する社会人などすべての人々にとって，本シリーズはきっと役立つと確信します。また進路指導や就職指導をしておられる高校・専門学校・大学などの先生方，心理学教育に携わっておられる先生方，現に心理学関係の仕事にすでについておられる方々にとっても，学問と仕事に関する本書は，座右の書になることを期待していま

i

す。また学校ではテキストや参考書として使用していただければ幸いです。

　下図は本シリーズの各巻の「基礎−応用」軸における位置づけを概観したものです。また心理学の仕事を大きく分けて，「ひとづくり」「ものづくり」「社会・生活づくり」とした場合の，主に「活かせる仕事分野」のアイコン（各巻の各章の初めに記載）も表示しました。

　なお，本シリーズの刊行を時宜を得た企画としてお引き受けいただいた北大路書房に衷心より感謝申し上げます。そして編集の労をおとりいただいた奥野浩之様，安井理紗様を中心とする多くの方々に御礼を申し上げます。また企画の段階では，生駒忍氏の支援をいただき，感謝申し上げます。

　最後になりましたが，本書の企画に対して，ご賛同いただいた各巻の編者の先生方，そしてご執筆いただいた300人以上の先生方に衷心より謝意を表する次第です。

監修者

太田信夫

(答 50)

はじめに

　本書を手にする人の多くは，学習心理学と聞くと，まず国語や算数のような教科の学習のための心理学を思い浮かべるかもしれません。もちろん，学校における教科学習は，学習心理学の主要な実践領域の1つです。しかし，学習心理学は，もっと広い領域における学習という現象を研究する心理学なのです。

　人は，養育者から手厚く世話をされないと生きていくこともできないような状態で生まれてきます。食べ物を与えられ，身の回りの世話を受けて少しずつ成長し，ひとりで立ち上がって移動できるようになるのに1年近い期間を要します。このような人の新生児の姿は，下等な哺乳類の赤ん坊の特徴に似ているとされています。たとえば，齧歯類のネズミは，比較的短い妊娠期間の後，1回の出産で多くの子どもを産みます。生まれたときの子どもの状態は，体には毛がなく主要な感覚器官である目は閉じられたままです。もちろん動き回ることはできず，その体温は外部の温度に依存しているなど，非常に頼りなく無能に感じられる外見をしています。一方，高等な哺乳類の中には，たとえば有蹄類の馬のように，生まれてすぐに自分の力で立ち上がり，母親の後を追って歩きまわることのできる動物もいます。高等な哺乳類であるはずの人が，なぜネズミのような下等な哺乳類の子どものように無力な外見で生まれてくるのでしょうか。

　このような人の生まれたての無力な姿の意味を深く考えた研究者がいます。ポルトマンというスイスの研究者です（Portmann, 1951）。ポルトマンは，人の新生児が成熟した大人の類人猿の脳に匹敵するほどの重さの脳を持って生まれてくるにもかかわらず，生まれたての姿や行動の点で他の霊長類のどれよりも未成熟であることに注目しました。また，人の新生児が，他の哺乳類が生まれてくるときの発育状態にたどり着くのが生後1歳になってからであることから，人の本来の妊娠期間はおよそ1年間伸ばされ，約21か月になる必要があると述べました。ポルトマンは，これらのことから，人間の誕生時の状態を本来の発育状態よりも1年間早く生まれすぎた「早産」の状態が通常化してしまった「生理的早産」とよんでいます。

　人の新生児は，「生理的早産」の状態で生まれ，生後1年間の本来ならば

iii

母胎内において生育を続けている時期に，養育者から手厚い世話を受けます。そして，その間にさまざまな生育環境のもとで新しい運動を試したり発語の準備をしたりして，やがて直立姿勢を達成し，言語や環境に応じたさまざまな知識を獲得します。つまり「生理的早産」によって，人は生得的な本能による行動を捨てるかわりに多様な環境に適応するための可塑性と強力な学習能力をもった，というのがポルトマンの考え方です。

　この生理的早産説は決して新しい学説ではありません。しかし，人の本質を考えるうえで大変示唆に富むものであると思います。生理的早産説が示唆するのは，人は生まれながらにして完成された存在ではなく，養育者や周囲の人々との関わりを通してさまざまなことを学習し，言葉，さまざまな知識やスキル，社会における価値や態度など，人として必要なことを身につけていく存在であるということです。このように考えると，学習とは，人が人であることの根源に関わるものであるともいえるでしょう。そして学習心理学もまた，人の根源に関わる心理学なのです。なぜなら，学習心理学とは，人が人となるために必要な学習機能の解明を目指す心理学だからです。

　学習心理学の誕生は古く，すでに 100 年を越える歴史をもっています。その一方で，今日でもその研究領域や応用，実践の場は広がり続けています。学習心理学が活用されている領域には育児や保育，学校の教育実践のような身近な場面，適応的行動の形成や不適応行動の改善を目指す心理臨床の領域，また学習の機能に何らかの障害を負っている人々のサポートなど多岐に渡り，その有用性は増々高まっています。本書では，今日もなお発展を続ける学習心理学における基礎的研究や実践的研究について解説します。また現場の声を通して，学習心理学の活用や学習心理学が関わる仕事の現場について紹介します。

編　者

中條和光

目　次

●監修のことば　i
　はじめに　iii

第1章　学習心理学へのいざない　　1
　1節　学習心理学とは　　1
　2節　学習心理学の展望と本書の構成　　8

第2章　学習の基礎研究：動物を使って学習の仕組みを探る　　11
　1節　はじめに　　11
　2節　学習を効率的に行う訓練法（1）：古典的条件づけ　　12
　3節　学習を効率的に行う訓練法（2）：オペラント条件づけ　　18
　4節　条件づけでは説明のできない動物の行動変化　　24
　5節　最後に　　29

第3章　記憶のプロセスの研究：知識獲得のメカニズム　　31
　1節　知識獲得（学習）のメカニズム　　31
　2節　知識の構造と記憶の区分　　38
　3節　記憶の過程　　43

第4章　メタ認知：知識による行動の制御　　53
　1節　知識による行動の制御のメカニズム　　53
　2節　メタ認知の仕組み　　58
　3節　メタ認知の指導　　65

第5章　学習意欲の研究とその応用　　69
　1節　学習意欲のとらえ方　　69
　2節　学習意欲の測定法：学習理由と有能感ではかる　　76
　3節　自律的な学習意欲の育て方　　78

　◉ 現場の声1　学ぶ意欲をはぐくむ学級経営と授業 ……………………… 85
　◉ 現場の声2　定時制高校ではぐくむ学ぶ意欲 ………………………… 89

第6章　心理臨床と学習心理学　　91
　1節　心理臨床の実際　　91
　2節　心理臨床に生かす学習心理学の理論　　94
　3節　学習心理学に基づく認知行動療法の技法　　98
　4節　心理臨床における学習心理学のさらなる応用　　105

● 現場の声3　病気の子どもと家族を支える ……………………………… 107
● 現場の声4　産業領域に活きる学習心理学の理解 ……………………… 110

第7章　学習指導と学習心理学　113

1節　長期記憶にするための学習方法　113
2節　学ぶ－振り返る－生かす　119
3節　アクティブ・ラーニング　121
4節　学習の評価　123

● 現場の声5　授業はカレー。理論がルウで，実践知が具。
　　　　　　　煮込むほど美味しくなる ……………………………………… 128
● 現場の声6　小学校5年生，勉強に悩みはじめる ……………………… 130
● 現場の声7　小学校3年生，算数の考え方を説明し，次に生かす ……… 132

第8章　一人ひとりの特性に応じた指導と学習心理学　135

1節　学習障害とは　136
2節　学習障害と社会参加　139
3節　学びを保障する特別支援教育　141
4節　特別支援教育と学習心理学　144

● 現場の声8　通級指導教室での子どもに応じた指導 …………………… 146
● 現場の声9　「学習に困難」がある子どもたちがおかれている現状 ……… 148

付録　さらに勉強するための推薦図書　150
文献　154
人名索引　160
事項索引　162

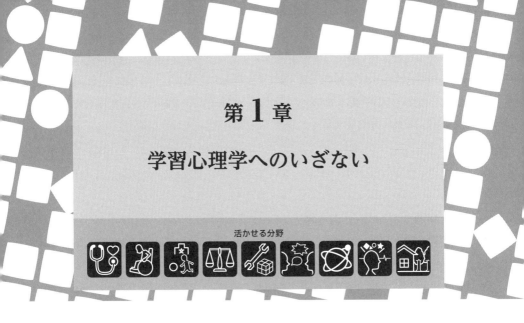

第1章
学習心理学へのいざない

「自ら進んでお手伝いをしたところ，母親にほめられ，その子はますます熱心にお手伝いをするようになりました」。この子どものような例は，日常で頻繁に見聞きすることでしょう。私たちは自らの行動をほめられたり，他者がほめられたり叱られたりしている様子を観察したりすると，もっとほめられるように，あるいは叱られないように自分の行動を変化させることができます。この時，私たちの心の中では「学習」という仕組みが働いています。私たちは，この学習の働きによって環境の変化に適応していると考えられています。

1節　学習心理学とは

1．学習の機能の意義

私たちが学習によって得るものは，報酬を得るための手段となる行動ばかりではありません。危険を察知して逃げるための予告となる情報，学校で学ぶさまざまな知識，クラスの仲間とうまくやっていくための振る舞い方や行動規範，さらには自分の生き方を定めるための価値観などの獲得にも及びます。

学習は，個人の行動の変化ばかりでなく文化の継承にも関わります。社会は次世代のために学校のような教育機関を設けて長期間にわたって体系的に経験を積み重ねる機会を提供しています。それによって言

葉や体系的な知識，さまざまなスキル，その文化に固有の価値観など
が伝えられていきます。

　もちろん，下等な生物，たとえば，ゴキブリであっても生き残るた
めに危険な場所を避けることを学ぶことができるといわれています。
しかし，私たちは，生まれた環境に応じて，その環境に適した行動や
知識を身につけたり，進学や就職，海外移住などによって生活環境が
大きく変化しても，行動習慣を変化させたり，考え方を変えたりして
新たな環境に適応していくことができます。これらは，私たち人間が
有する強力な学習能力によるものです。

2. 学習心理学の歴史

　学習は人にとってきわめて重要な心の働きであるために，科学とし
ての心理学が始まった当初からすでに 100 年以上にわたって，その仕
組みが研究されてきました。その間，学習の研究は行動主義と認知理
論という 2 つのアプローチによって進められてきました。

(1) 行動主義のもとでの学習研究

　行動主義とは，20 世紀初頭に，アメリカで始まった心理学のアプ
ローチです。表 1-1 に紹介した文章は，行動主義を主導したワトソン
の「行動主義者からみた心理学」と題された有名な論文（Watson,
1913）の冒頭の文章で，行動主義者宣言とよばれているものです。

▼表 1-1　行動主義者宣言（Watson, 1913, p. 158）

> 行動主義者のみる心理学は，自然科学の純粋に客観的な一部門である。その理論的目
> 標は行動の予測とコントロールである。内観はその方法の本質的部分を形成するもの
> ではなく，そのデータの科学的価値も，それらが意識の言葉で解釈できる容易さに依
> 存するものではない。行動主義者は，動物の反応の統一的な図式を得ようと努力する
> 中で，人間と動物とを分割する線を認めない。人間の行動はきわめて精緻で複雑では
> あるが，行動主義者の研究の図式全体の一部に過ぎない。
> （訳文は，今田，1994 による）

　19 世紀後半にヨーロッパで始まった心理学は，他者には観察不能
な内的世界である意識を研究対象とし，自己観察（内観）を主たる方
法とするものでした。それに対しワトソンは，心理学が自己観察によっ
て意識を研究している限り自然科学のような真の科学には成り得ない
として，第三者による客観的な観察や測定が可能な行動を研究対象と

すべきであると主張しました。この主張は行動主義 (behaviorism) と
よばれ，1910年代から1950年代にかけて，アメリカを中心として心
理学に大きな影響を与えました。行動主義のもとで学習は「経験の結
果として生じる比較的永続的な行動の変化」と定義されました。

　この学習の定義についてもう少し詳しく見てみましょう。メドニッ
クは，学習の意味を明確にする特徴として以下の4点をあげています
(Mednick, 1964)。

　　　①学習は結果として行動に変化を引き起こす。
　　　②学習は練習または経験の結果として生じる。
　　　③学習は比較的永続的な変化である。
　　　④学習は直接，観察することができない。

　①は，学習が行動に影響を与える変数の1つであることを示してい
ます。②は，行動に変化が生じたとしても，それが病気や成熟による
場合は学習ではない，とするものです。③は，練習して自転車に乗れ
るようになると，その後何年も自転車に乗っていなくても乗れるとい
うように，学習された行動の変化は長期間持続することを意味します。
それに対し，練習に疲れたり飽きたりしてうまくできなくなるような
変化は，一過性のものであり学習とはよべません。④は，①で述べら
れているように，学習が行動に影響を与える変数であることを再度述
べているものです。しかしながら，行動主義のもとでは，学習は客観
的に観察できる行動の変化を通してのみ研究できるということを示し
ています。

　ワトソンの行動主義者宣言には，「行動主義者は，動物の反応の統一
的な図式を得ようと努力する中で，人間と動物とを分割する線を認め
ない。人間の行動はきわめて精緻で複雑ではあるが，行動主義者の研
究の図式全体の一部に過ぎない」とあります。ワトソンは，人の複雑
な行動も，それを構成する要素的な単位である刺激と反応の連合に還
元できると考えていました。これは，ちょうど物理学が物質を原子の
結合や分子の化合として説明したように，意識も要素である観念の連
合によって説明できるとするイギリス経験論哲学の影響を受けている
と考えられます。複雑に見える行動も，分析すれば刺激と反応の連合

という単純な要素に還元できるという考え方です。したがって，行動主義のもとでは，連合を形成するメカニズムである学習が心理学の主たる研究テーマとなりました。また，心理的能力について，人と動物とでは程度の差こそあれ質的に異なるものではないとするダーウィンの主張（Darwin, 1874）の影響を受けていると考えられ，動物を対象とする実験によって見出された学習の法則が人間にも有効であるとされました。学習の基本的な仕組みは，パヴロフが提唱したような条件づけの原理によって説明できるとされ，まさに，本書の第2章で詳述される「条件づけ」が学習心理学の主要なパラダイムとなったのです。

（2）認知理論のアプローチのもとでの学習研究

　アメリカにおいて行動主義による心理学が主流となっていたころ，ドイツでは，ゲシュタルト心理学（gestalt psychology）が盛んになっていました。「ゲシュタルト」とは，形態や姿を意味するドイツ語です。楽曲のメロディーを移調するとメロディーを構成している一つひとつの音はまったく異なったものになります。しかし，音の高さこそ違うものの聞こえてくるメロディーは同じです。つまりメロディーの知覚はそれを構成する一つひとつの音に還元することはできないのです。この例のように，ゲシュタルト心理学は，全体は要素に還元することのできない1つのまとまりであるとして，それがもつ構造特性を重視する心理学の立場です。したがって複雑な行動であっても刺激と反応の連合という単純な要素に還元できるとする行動主義の主張を強く批判しました。

　ケーラー（Köhler, 1924）の行ったチンパンジーの問題解決の実験を見てみましょう。ケーラーは，天井からひもでバナナをつるした部屋にチンパンジーを入れて観察を行いました。バナナは手の届かない高さに吊られています。部屋の壁はすべすべしており，よじ登ることはできません。この部屋に箱をいくつか転がしておきます。初めのうち，チンパンジーは箱に目を向けることはありませんが，やがて箱を積み上げて踏み台として使ってバナナを手に入れました。この実験状況は，チンパンジーにとってはある種のパズル解きのようなもので，類人猿の知恵試験と名付けられています。チンパンジーは，自分が入れられた部屋の状況を理解し，箱を踏み台として使えることに気づいて

バナナを手に入れたのです。この時，チンパンジーはたまたま箱を踏み台として使ったのではなく，一度バナナを手に入れることに成功すると，箱の配置を変えても箱を利用してバナナを手に入れる行動を起こすようになります。すなわち，箱は高い所のものを手に入れるための道具として使うことができるということを学習したのです。このような問題解決による学習は洞察（insight）による学習とよばれます。市川（2011）は，ゲシュタルト心理学が，学習を刺激と行動の連合としてではなく，この例のように環境に対する認識の仕方の変化としてとらえていることから，その立場は一般に認知理論とよばれていること，また認知（cognition）という用語には，思考や理解のような内的に生じる高次な過程という意味が含まれていることを指摘しています。しかし，この時期，アメリカにおける学習心理学では認知理論が力をもつことはありませんでした。

　1950年代に入ると認知心理学とよばれる新しい研究分野が出現し，学習心理学においても行動主義から認知理論へとアプローチの転換が起こりました。認知心理学は，第2次世界大戦と共に発展してきた情報科学やサイバネティックスとよばれる制御理論（本書，第4章を参照），そしてコンピュータの急激な進歩によって成立したものです。認知心理学では，人はある種の情報処理装置とみなされ，人の行動形成や変化には複雑な心的過程が関与するとされました。そして，学習はもとより記憶，問題解決，推論，理解，意思決定などの認知活動の過程を情報処理モデルによって記述することが目標とされました。

　行動主義が観察可能な行動を重視したのに対し，認知心理学では，「情報」という眼に見えないものを重視します。情報科学の発展やコンピュータの普及を背景に，情報や情報処理の過程を客観的，数量的に研究できるようになったからです。このことによって学習研究は大きく変化しました。認知心理学においては，学習とは知識を獲得する過程であるとされました。そして，記憶の過程の解明を通して知識獲得の過程を研究するというアプローチが学習研究の主流となったのです。たとえば，人を対象とする記憶実験では，無意味つづりとよばれる意味を成さない文字列や単語のリストを覚えてもらい，しばらくしてからそれらをどれくらい思い出せるかテストするという方法などを用いて記憶の仕組みが調べられました。

認知心理学を牽引した研究者の一人であるノーマンは，心理学と情報科学や神経科学，哲学，言語学などをまとめて「認知科学」という新たな研究領域を提唱しました。1979 年に主催した第 1 回認知科学会議では，認知科学が研究すべきテーマとして信念システム，感情，学習，行動（遂行），意識，社会的相互作用，記憶，技能，発達，言語，知覚，思考という 12 のテーマを掲げました（Norman, 1981）。これらのテーマは従来の「認知」よりも広く，心理学のほぼ全分野を含んでいます。この認知を担うシステムは生物であれ人工的なものであれ，表 1-2 に示した要素をもつ必要があるとしました。

　表 1-2 に記載された第 1 の要素は，自分の置かれた状況を知ったり外界への働きかけの結果を確認したりすることに必要な手段であり，第 2 の要素は，外界に働きかける手段です。人でいえば，第 1 の要素に当たるのは目や耳などの感覚器官であり，第 2 の要素には手足や身

▼表 1-2　認知システムにとって必須の要素：一般的な認知システムと生体の認知システム（Norman, 1981 を一部改変）

すべての認知システムは，生き物の場合であれ，人工物であれ，以下の要素を備えていなければならない。

1. 外界に関する情報を受け取る手段：感覚受容器

2. 外界に働きかける行為を行う手段：運動制御

3. 以下のものを含む認知過程
   - 受容器によって受け取られた情報を同定し，解釈する手段
   - 遂行すべき行為を制御する手段
   - 直ちに実行できる以上のことを要求された場合に，認知資源の割り当てを行う手段
   - 行為や経験の履歴を記すための記憶

これらの認知過程は，次のことを含意している。
   - 一度にできる以上のことをしようとする時がある。そのような場合，認知資源は有限であるため，何らかの認知資源の割り当てを行う手段が必要となる。
   - 外界の事象と内的な事象との時間的なすり合わせの必要が生じる場合がある。そのため，バッファメモリ（短期記憶）が必要である。
   - 外界に対する操作の効果が観察できそれによって変化できるような，外界への働きかけとその結果のフィードバックを解釈するための基本的機構が必要である。
   - プランを立てて，その実行をモニターするためのなんらかの手段が必要である。そのためには，メタ知識のような，多層的な知識が必要である。
   - 他者と知的に関わるために，環境や自分自身，他者に関するモデルをもっている必要がある。
   - 自分の行動や知識を根本的に変化させるような学習（たんなる順応ではない）ができる必要がある。そのためには，因果関係の推論や，概念と事象と相互関係の推論，そして自己観察ができるようなシステムが必要となるだろう。

体による動作，言葉によるコミュニケーションなどが該当するでしょう。第3の要素の認知過程は，感覚器官を通して受け取った情報を理解したり，身体や言葉などによる外界への働きかけを制御したりする情報処理の過程を意味します。そして，どのような状況でどんな行動をとったか，それによって外界がどのように変化したかなどの履歴を残すための記憶が必要であるとされています。

　行動主義のもとでの学習の定義は，「経験の結果として生じる比較的永続的な行動の変化」であり，記憶という外からは見えない過程については言及されていません。しかし，この定義が，経験を通して獲得した情報を一定期間記憶にとどめ，必要なときにその情報を取り出して行動に反映させることができるということを意味していると考えるならば，学習の過程には何らかの記憶の機能が関与することは明らかでしょう。

　図1-1は，認知心理学者として著名なアンダーソンの『学習と記憶：統合的アプローチ』(Anderson, 1995) という本に掲載されている条件づけ研究と記憶研究とを統合する概念図です。この図は，条件づけのような単純な実験事態であっても，生活体，すなわち実験動物や人が行う情報処理という視点に立てば，その背後には推論や記憶などの複雑な過程が含まれていることを表しています。生活体は，経験を通して，先行する刺激と生得的な反射を生じさせる刺激との間の関係や特定の状況における行動とその結果との関係などについて理解する必要があります。この理解の過程が具体的にどのようなものであるか

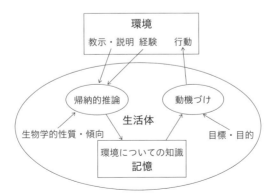

▲図1-1　条件づけ研究と記憶研究とを統合する概念図
(Anderson, 1995, p. 154)

は生活体の生物学的性質と関連すると考えられます。人の場合であれば，自ら体験するばかりでなく，他者を観察したり，他者から説明を受けたりすることによって理解するということもあるでしょう。理解された結果は知識として記憶に蓄えられます。生活体に動機づけが与えられると，この知識は記憶から呼び出されて実行に移されます。

　認知理論の視点から見るならば，図1-1に示されるように，連合の過程を研究するために用いられてきた条件づけの実験事態にも理解や記憶などの複雑な過程が含まれると考えられます。認知心理学や認知科学が興って以降，出来事間の因果関係などの理解の仕組みや獲得した知識の記憶の仕組み，記憶された知識による遂行の制御などの心の働きを解明することが学習の研究における重要なテーマとなったのです。

2節　学習心理学の展望と本書の構成

1．学習心理学が扱う領域とテーマの広がり

　本書では，行動主義的な定義によって学習をとらえることにこだわらず，学習を知識獲得の過程とする立場から，学習心理学が扱う領域やテーマをとらえていきます。

（1）行動主義的アプローチによる学習研究

　行動主義的アプローチによる学習研究は学習理論研究ともよばれており，いわゆる狭義の学習心理学と位置づけることができます。行動主義のもとでは，生物の種を越えて適用できるような学習の普遍的原理を明らかにすることが研究の目標に据えられ，すべての生物のすべての学習行動が研究対象とされました。すなわち，ネズミを実験対象としながらも，人にも，あるいはネズミよりも下等な動物にも適用できる学習の原理を求めていたのです。そのような研究を通して確立された学習理論は，今日では，脳の神経レベルで生じる事象や人工知能のようなコンピュータによる学習の研究の基本となる理論にも影響を与えています。また，意識をもたない下等な動物にも適用できるものとして研究されてきた学習理論は，無意識的に生じる人の行動の変化を説明する理論でもあります。そのため，私たちが知らず知らずのうちに身につけてしまった不適応行動の修正や新たな適応的行動の形成

などの心理臨床への応用も広がっています。すでに100年を越える歴史をもつ研究分野ではありますが，それにもかかわらず，最も今日的な心理学の研究分野の1つということができるでしょう。

（2）認知理論的アプローチによる学習研究

　1950年代に認知心理学が興ると，アメリカにおける学習研究にも変化が訪れました。東は，教育心理学の視点から，この時期のアメリカにおける学習心理学の状況をまとめています（東，1982）。東は，第二次世界大戦後の科学の飛躍的な進歩によって単なる知識伝達とは発想を異にする科学教育が求められるようになり，思考や認識の過程についてのより深い研究が要望されるようになったこと，またそのような科学教育は習慣形成的な学習心理学では達成できず，人が外界をどのように構造化して認識するかという認知構造の問題が重視されるようなったことを指摘しています。また，そのことを端的に示すものとして，ゲシュタルト心理学の中心人物の一人であったケーラーが1960年にアメリカ心理学会の会長に選ばれたことをあげています。

　1960年代に入ると，学習研究は行動主義から認知理論へと大きく変化しました。今日，多くの認知心理学の本では，その目次に学習という章は見当りません。そのため，一見すると学習の研究が廃れてしまったかのように見えます。しかし，学習研究の置かれた状況はむしろその逆といってもよいかもしれません。認知心理学の本の目次には記憶，理解，思考・問題解決など，知識獲得の過程に関するいくつもの章が設けられ，学習の研究はますます広がりを見せています。

（3）動機づけ研究

　動機づけは，学習心理学において，その初期から重要な研究テーマの1つでした。条件づけの実験では，実験者によって餌の量を制限されて飢えた状態にある被験体のネズミが，餌を得るための手段となる行動，たとえばレバー押し行動を学習する様子が観察されました。このような実験事態では，動機づけの強さは，飢えの程度として実験者によって外的に統制できると考えられました。それに対して認知理論的アプローチでは，子どもたちが「理科に興味をもつ」ようになったり，「なかなか勉強する気にならないままに，気づけば30分もスマホ

で遊んでいた」といった状況が起こったりするメカニズム，すなわち学習意欲が重要な問題となっています。行動主義の時代には実験者によって外的に統制されていた動機づけは，認知理論的アプローチの下では学習者が自分の学習行動を自分自身で制御することに関わる重要な要因として学習研究の主要なテーマの1つとなっています。

2. 本書の構成

　本書は，学習心理学の概要と仕事の現場との関わりを紹介することを目的とします。そこで，始めに学習心理学の主要な研究テーマについて紹介します。まず第2章では，古典的条件づけやオペラント条件づけなどの行動主義的アプローチによる学習研究を解説します。第3章では，認知理論的アプローチとして，記憶研究を紹介します。第4章では，行動の変化として研究されてきた学習と知識獲得として研究された学習とを繋ぐものとして，獲得された知識を行動に移すための制御メカニズムについて解説します。学習心理学の初期に研究された試行錯誤学習では，試みた行動のうちでよい結果をともなった行動の生起頻度が増加することによって特定の行動パターンが獲得されると説明されます。この試行錯誤学習のように，環境に対して何らかの働きかけを行い，その結果という形でその働きかけの効果についての情報を受け取ることによって行動を変化させる制御の仕組みとしてTOTEユニットやそれに続くメタ認知の研究を解説します。第5章では，学習心理学が活用される重要な領域の1つである学校教育を取り上げ，教科学習への意欲に関する研究を紹介します。

　第6章から第8章では，学習心理学と仕事の現場との関わりを扱います。第6章では，学習心理学に基づく臨床技法である行動療法を中心に心理臨床への応用について紹介します。第7章では，認知理論的アプローチを中心に学習心理学を学習指導の現場でどのように活用していくかについて実践研究を交えて紹介します。第8章では，一人ひとりの特性に応じた学習支援について紹介します。読むことや書くことのように，学業において必要となる基本的能力に特化した困難を抱える学習者がいます。それらの学習者への支援について紹介します。学習心理学が活用されている仕事の現場の一端について知ることを通して，学習心理学の今日的意義について理解できることでしょう。

第2章

学習の基礎研究：
動物を使って学習の仕組みを探る

活かせる分野

　本章では，主に動物を使った学習の基礎研究を紹介します。学習の基礎研究の多くは，動物を用いた実験を行っています。これは現代の心理学が，科学的で実証的な方法論を重視してきたからです。つまり，何らかの経験の影響を考える学習研究では，関係のない経験をできる限り統制しておきたいと考えたのです。その結果，研究対象はヒトではなく，動物それも実験動物として扱いやすいネズミ（ラットやマウスなど）やハトが多く用いられてきました。もちろん生物は皆それぞれユニークな存在なので，動物で明らかになったことがすぐにヒトにも当てはまるわけではありません。しかし一方で，ナメクジからヒトまで，同じ学習原理に従って行動する面があることも事実なのです。

1節　はじめに

　学習の基礎研究の目的は，学習が起こる仕組みを明らかにすることです。学習の仕組みがわかれば，それを使ってヒトを含めた動物の行動を思い通りに変えることができるかもしれません。実際，基礎研究によって明らかになった学習の仕組みを利用して，学習を効率的に行う訓練法が開発されていきました。その代表的な例が条件づけです。動物を使った条件づけ研究は，20世紀初頭にロシアでパヴロフ（Pavlov, I. P.）が，アメリカでソーンダイク（Thorndike, E. L.）が

それぞれ独立に，ほぼ時を同じくして発表しています。科学的な方法論を重視する現代の心理学の始まりは，一般に19世紀末とされていますので，現代心理学誕生の初期から条件づけ研究は行われてきたことになります。

　学習心理学において，条件づけの発見とその技法の開発は，非常に重要な研究分野でした。行動主義（behaviorism）を信じる研究者の中には，条件づけだけで人間のあらゆる行動が制御できるのではないかと考える人たちが出てきたほどでした。しかし，動物実験を行っていくうちに，条件づけだけでは説明のできない行動現象が次第に明らかになっていきます。そこで登場したのが認知的な解釈による学習研究でした。本章ではまず，学習研究の初期から行われてきた条件づけについて説明します。その後に，条件づけでは説明のできない動物の行動変化について，認知的な解釈も含めて説明します。

　なお，この章の理解を助けるために，読者の皆さんにはインターネットの画像・動画検索の使用をお勧めします。インターネットには，学習心理学に関係したカラー画像や歴史的な記録動画があふれています。それらの資料の多くは英語表記なので，本章では学習心理学の用語の多くに英訳をつけました。これらのキーワードを，GoogleやBingなどの画像検索または動画検索で確認しながら読み進めれば，文章だけでは意味のつかみにくい内容も，鮮明なイメージになって理解できるはずです。

2節　学習を効率的に行う訓練法（1）：古典的条件づけ

1．基本的な方法

　古典的条件づけ（classical conditioning）は，ロシアの生理学者パヴロフが消化器の研究の最中に発見し，体系化していった条件づけ技法です（そのため，パヴロフ型条件づけ：Pavlovian conditioning，あるいはレスポンデント条件づけ：respondent conditioning とよばれることもあります）。具体的には，ある刺激と別の刺激を時間を空けずに呈示することを繰り返します。すると，この2つの刺激の間に結びつきができるというものです。パヴロフの実験例で説明すると，イヌにベルの音を聞かせ，直後に餌を与えるという操作を繰り返すと，イ

12

ヌはベルの音と餌との間の結びつきを学習しました。その証拠に，イヌはベルの音を聞いただけで，唾液を出すようになります。イヌが学習した2つの刺激の結びつきの強さは，この場合，唾液の分泌量として測定できます。このように学習過程を観念的にではなく，実際に観察できる形で示すことが，科学的な心理学研究法としては重要なのです。

　類似の現象は，イヌのベル音と餌の場合だけではなく，さまざまな動物と刺激の組み合わせで起こることがわかっています。そこで，この現象をもう少し一般化するために抽象的な用語を補って再度説明しましょう。イヌ（動物）（図2-1）に特別な反応を引き起こさない刺激（中性刺激：neutral stimulus）であるベル音（条件刺激：conditioned stimulus）と，もともと動物に唾液分泌（反射などの特定の反応）を引き起こす餌（無条件刺激：unconditioned stimulus）とを時間を空けずに呈示（対呈示：pairing）することを繰り返します（強化：reinforcement）。すると，2つの刺激に結びつき（連合：association）ができます。その証拠に，イヌはベル音を聞いただけで，唾液を出す（条件反応：conditioned response）ようになります。なお条件刺激や無条件刺激は，音や餌などの外的刺激だけではなく，内臓への刺激といった（意識にのぼりにくい）内受容的刺激が用いられる場合があります。一方，条件反応も唾液分泌のような自律神経系の変化だけではなく，免疫系の変化や，行動の変化，感情の主観的変化などに現れる場合もあります。

　条件反応を明確に測定するためには，一般に条件刺激と無条件刺激

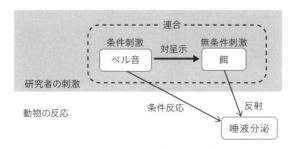

▲図2-1　古典的条件づけの模式図
上半分のグレーの部分は研究者が呈示する刺激で，下半分は動物の反応。太線矢印はこの条件づけで一番重要な操作。

との対呈示を繰り返す必要があります。この繰り返しの中で、条件反応が徐々に強くなっていく過程を獲得（acquirement）とよびます。獲得をうまく進めるためには、いくつかの注意点があります。たとえば、条件刺激の呈示と無条件刺激の呈示との時間的な間隔は、長すぎても短すぎてもよくありません。これを時間的近接性（contiguity）といいます。また、条件刺激の有無と、その後の無条件刺激の有無との間には何らかの関係性が必要です。たとえば、条件刺激の後にだけ毎回必ず無条件刺激を呈示するならば、条件刺激と無条件刺激との間には正の相関関係があるということになります（そうすれば、動物は無条件刺激がやってくる時を予測できます）。これは刺激間の随伴性（contingency）を考慮することです。

　ちなみに、2つの刺激間の結びつきのことを、条件づけでは連合といいます。連合という概念の歴史は古く、主に17世紀の哲学者ロック（Locke, J.）に代表される経験主義哲学ではぐくまれた考え方です。経験主義者たちは、人間の心は最初は何も書かれていない石板（タブララサ：tabula rasa）であり、経験を刻むことが重要だと主張しました。条件づけはその哲学を引き継いでいるのです。

2. 嫌悪刺激を用いた古典的条件づけ

　条件づけの手法には、無条件刺激が餌のように動物にとって望ましい刺激が用いられる場合（欲求条件づけ、あるいは食餌性条件づけ：appetitive conditioning）だけではなく、動物にとって嫌悪的な刺激が用いられること（嫌悪条件づけ：aversive conditioning）もあります。たとえば、ネズミに対しランプの光と足への電気ショックとを対呈示します。するとその後、ネズミは光を見ただけで、電気ショックのない場面でも体をすくませるようになります。この場合、光が条件刺激で、電気ショックが無条件刺激です。ネズミが体をすくませて動かなくなっている時間を計測すれば、学習の強さを測定できます。あるいは、ネズミはのどが渇いていても、光が呈示されている間は、水を飲まなくなります。これを条件性抑制（conditioned suppression）といいます。条件性抑制が起きている時間を、学習の強さの指標とすることもできます。

　嫌悪刺激を用いた古典的条件づけについては、動物ではなくて、ヒ

トを使った有名な研究があります。行動主義を唱えたワトソンは，アルバート坊やの実験（little Albert experiment）とよばれる研究を発表しました（Watson & Rayner, 1920）。彼らは 1 歳弱のアルバートにラット（ドブネズミ由来のおとなしい実験用ネズミ）を呈示し，その直後に赤ちゃんがびっくりするような大きな音を呈示したのです。すると，最初はネズミに対して大胆に振る舞っていたアルバートは，次第にネズミを怖がるようになったことが報告されました。もちろんこのような研究は，現在の倫理感からすれば受け入れがたいものです。しかし，アルバートが示した反応は，イヌやネズミを被験体とした研究結果と同じであることがわかります。ただし，この研究には裏話があり，結果の過剰解釈が行われていたとも考えられています（鈴木, 2015）。

　このように，恐怖反応を引き起こすような強い嫌悪刺激を無条件刺激として用いた嫌悪条件づけを，特に恐怖条件づけ（fear conditioning）ということもあります。ネズミに光－電気ショックの恐怖条件づけを行うと，光に対してだけではなく，その光－電気ショックが呈示された実験箱の中に入れられただけで，被験体は恐怖反応を示すようになります。このように古典的条件づけでは，条件刺激に対してだけではなく，その時に周りにあったもの（文脈）に対して条件反応を示すようになることがしばしばあります。恐怖条件づけの結果と考えられるヒトのさまざまな恐怖症や心的外傷後ストレス障害（PTSD）で，恐怖の対象が奇妙なものであったり，あいまいであったりするのは，条件づけの際の文脈が条件刺激になったからではないかとも考えられます。

　嫌悪刺激を用いた古典的条件づけについて，もう 1 つ特別な現象を紹介します。慣れない食べ物を食べた後に気分が悪くなると，その食べ物を食べなくなるという条件づけです。これは味覚嫌悪条件づけ（taste aversion conditioning）あるいは食物嫌悪学習（food aversion learning）とよばれ，ヒトやナメクジなど，多くの動物で起こることがわかっています。この味覚嫌悪条件づけが特別なのは，条件刺激の餌と無条件刺激である中毒症状を引き起こす薬物との対呈示を繰り返す必要がなく，たった 1 度の対呈示で十分な強さの条件反応が起こるという点です。また，条件刺激と無条件刺激との時間間隔を 1〜2 時

間と長くしても学習が可能な点も特徴的です。他にも味覚嫌悪条件づけには，他の古典的条件づけでは見られない特徴がいくつかあります。それらはいずれも，食物を摂取して中毒症状を起こした場合，以後それを避けるということをすばやく正しく学習することは，すべての動物にとって生死に関わる重要な問題だからではないかと考えられています。

3. 古典的条件づけの関連現象

　古典的条件づけでは獲得過程だけではなく，さまざまな関連現象や操作法が知られています。たとえばパヴロフは，条件づけの獲得後に，条件刺激のみを呈示し無条件刺激を呈示しない操作を繰り返すと，条件反応が次第に弱くなることも発見しました。この現象を消去（extinction）といいます。また，消去過程が進んで条件反応が弱くなった後に，しばらく時間を空けて再び条件刺激を呈示すると，一時的に条件反応の大きさが強くなる現象も明らかにしています。これは自発的回復（spontaneous recovery）です。このことは消去で反応が出なくなっても，動物が条件刺激を忘れたわけではないことを示しています。

　自発的回復は古典的条件づけを臨床的に応用する場面では重要です。単に無条件刺激を呈示せずに条件刺激を呈示するだけでは，一度消えたように見える恐怖反応も，自発的回復によって再び現れることが予想できるからです。そこで臨床場面では，同じ条件刺激に対して，よりポジティブな無条件刺激を対にする反対条件づけ（または拮抗条件づけ：counter conditioning）や，不安や恐怖とは逆の心身状態（たとえばリラックス状態）を対にする逆制止（reciprocal inhibition）のテクニックが用いられることがあります。たとえば，動物に恐怖反応を示す人に対して，動物と報酬とを対呈示したり，動物とリラックス状態とを対呈示するのです。

　条件刺激そのものでなくても，似た別の刺激でも条件反応は起こります。これを般化（generalization）といいます。先に示したアルバート坊やの実験例でいえば，アルバートは条件刺激であったラットだけではなく，ウサギや毛皮のコートなどにも恐怖反応を示す般化が現れたことが報告されています。これはヒトを含めた動物が，新しい刺激に対しても適切に反応できる適応的な能力だと考えられています。

16

4．条件づけ訓練していない刺激間の結びつき

　古典的条件づけでは，直接対呈示されていない刺激間の連合を形成することが可能です。そのような古典的条件づけのテクニックのうち，ここでは2つ紹介します。

（1）高次条件づけ（higher-order conditioning）

　条件刺激1と無条件刺激との対呈示を繰り返した後に，別の条件刺激2と条件刺激1とを対呈示します。すると，条件刺激2でも条件反応が起こるようになります。無条件刺激と対呈示されていない刺激でも，すでに条件づいた刺激と対呈示されるだけで条件反応が起こるのです。これを2次条件づけ（second-order conditioning）といいます。この手順を繰り返すと次第に反応は弱くなるものの，3次条件づけ，4次条件づけと高次条件づけが可能になります。好感度の高いタレントを広告に起用して，新商品の好感度を上げるというのは，この手法を用いています。

（2）感性的予備条件づけ（sensory preconditioning）

　高次条件づけとは手続きが逆でも，同じような現象が起きます。条件刺激2と条件刺激1との対呈示を繰り返した後に，条件刺激1と無条件刺激とを対呈示すると，条件刺激2でも条件反応が起こるというものです。ことわざにある「坊主憎けりゃ袈裟まで憎い」というのがこれにあたるでしょう。

　ここまで読んできて，条件づけ研究では動物たちが示すごく普通の行動に，奇妙な用語を付けていると思った読者もいるでしょう。しかしこれには理由があります。私たちがうかがい知ることのできない動物の心を擬人化することなく（認知的な用語を使うことなく），研究者自身が操作している刺激間の関係性から，条件づけ現象を語るために先人が考えた工夫なのです。

第2章　学習の基礎研究：動物を使って学習の仕組みを探る　17

3節　学習を効率的に行う訓練法（2）：オペラント条件づけ

1. 道具的条件づけとオペラント条件づけ

　道具的条件づけ（instrumental conditioning）とは，目標とする行動に対し報酬（reward）や罰（punishment）を与える訓練です。動物は何か行動してよい結果（報酬）が得られたなら，その行動を報酬を得るための手段（instrument）として繰り返すし，悪い結果（罰）だったなら，その行動をしなくなるという原則を利用したものです。この原則を効果の法則（law of effect）といいます。たとえば，子どもが風呂掃除をすれば，おこずかいをあげて，翌日以降も掃除をするようにもっていくことがこれにあたるでしょう。

　19世紀末にアメリカの大学院生だったソーンダイクの行った動物知能の実験が，この道具的条件づけ研究の始まりとされています。彼はかんぬきを付けた木箱（問題箱：puzzle box とよばれます）（図2-2）にネコを入れ，外に置かれた餌を得るためにネコが箱から抜け出す方法を試行錯誤的に学習する過程を観察しました。学習量の測定は，実験を繰り返し行い，ネコが箱から抜け出すまでの時間が次第に早くなるかどうかを計測しました。

　道具的条件づけは，その後もさまざまな研究者に引き継がれ，多くの実験装置が考え出されました。たとえば，ネズミが餌のあるゴールまでの道筋を覚える迷路（maze）装置や，足元から与えられる電気

▲図2-2　ソーンダイクの問題箱
（Boakes, 1984 より作成）

ショックを避けるために，ラットが隣接する2つの部屋を行き来するシャトル箱（shuttle box）などがあります。

さらに1960年代以降，アメリカの学習心理学の分野で影響力をもったのが，スキナー（Skinner, B. F.）の研究だったといわれています。スキナーは道具的条件づけの新しい装置としてスキナー箱（Skinner boxまたは，オペラント箱：operant conditioning chamber）（図2-3）を開発しました。スキナー箱とは，ランプの点いたときにレバーを押せば餌が出てくる仕掛けが付いた小さな箱です。空腹なラットは訓練を受けると，次第にレバーを押すようになります。スキナーはこのスキナー箱にハトやラットを入れて膨大な実験を行いました。研究の中で，彼は特に動物が環境に対して自ら働きかける行動（operate）を強調し，自発的な行動を促す訓練をオペラント条件づけ（operant conditioning）と名付けました（一方，先の古典的条件づけは，動物が刺激に対して反応している（respond）だけだとしてレスポンデント条件づけ：respondent conditioningとしました）。

道具的条件づけでは，目標としている行動を動物が行い，報酬を1回与えたら1回の訓練は終了します。一方オペラント条件づけでは，1回の訓練の中で目標としている行動をどのタイミングで何回するか，何回報酬を得るかを動物自身に決めさせる部分があります。この点が道具的条件づけとオペラント条件づけの違いです。ただし，これは非常に専門的な違いであり，大きな枠組みとしては現在両者はほぼ同じ意味で用いられています。スキナー箱を用いた実験や，ヒトや動物の

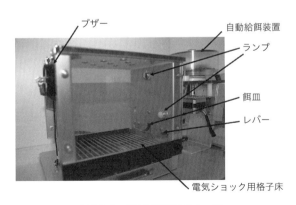

▲図2-3　マウス用のスキナー箱

第2章　学習の基礎研究：動物を使って学習の仕組みを探る　　19

行動を変えることに力点のある研究では，オペラント条件づけという用語がよく用いられています。本章では以降，応用場面でよく用いられているオペラント条件づけという用語に統一します。

2．基本的な方法

オペラント条件づけも，古典的条件づけと同様に，昆虫からタコまでさまざまな動物のさまざまな場面で実施可能です。そこで一般化のために，オペラント条件づけの手続きを抽象的な用語を補いながら説明すると，次のようになります。ラット（動物）（図2-4）はスキナー箱内で，ランプが点いた（弁別刺激：discriminative stimulus）ときに，レバーを押せば（反応：response），餌（強化：reinforcement）を手に入れます。この時，動物は弁別刺激－反応－強化の三項随伴性（three-term contingency）を学習したと考えます。なお，オペラント条件づけでの反応は，レバー押しのような行動の変化だけでなく，古典的条件づけのように，自律神経系の変化を用いることがあります。たとえば，バイオフィードバック（biofeedback）とよばれるテクニックを使って，ヒトにオペラント条件づけを行うと，弁別刺激が呈示されたときに血圧を下げることができるようになります。

オペラント条件づけでは，強化を与える課題を少しずつ難しくして，目標とする反応に導くシェイピング（shaping）という方法を使います。たとえば，ラットにレバー押しを行わせたいなら，まずラットが何もしなくても，餌皿から餌を与えます。ラットが餌皿を気にするようになったら，強化の基準を変え，レバーの方向を見たら餌を与える

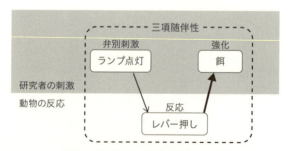

▲図2-4　オペラント条件づけの模式図
上半分のグレーの部分は研究者が呈示する刺激で，下半分は動物の反応。
太線矢印はこの条件づけで一番重要な操作。

ことにします。それができるようになったら，次は偶然レバーに触れたときに餌を与えることにします。このように強化を与える反応を，次第に目標とする反応に近づけていくのです。臨床場面に応用する場合でも，同じようにシェイピングが行われます。たとえば，広場恐怖症で外出ができなくなった人に対して，まず扉のドアに手をかけても安全だということを意識させます。次に扉を開けても安全だということを確認させます。さらには，扉から一歩足を出しても安全というように続けていくのです。

　オペラント条件づけには，古典的条件づけと同様に，欲求条件づけと嫌悪条件づけとがあります。オペラント条件づけでの嫌悪条件づけは，通常動物が嫌悪刺激を避けるようになる反応を観察します。たとえば，ラットにシャトル箱の一方の部屋で，光と電気ショックとの対呈示をします。すると，ラットは電気ショックを避けるために，隣の安全な部屋に移動することを学習します。これを逃避学習（escape learning）といいます。また，この逃避学習の過程が進むと，ラットは光を見た瞬間に反応を開始し，電気ショックを受ける前に安全な部屋に移動することができるようになります。これは回避学習（avoidance learning）です。嫌悪刺激と結びついた光が恐怖反応を引き起こし，その恐怖反応を低減させる部屋の移動が強化されたと考えます。たとえば，学校でいじめを受けると学校に行くのを避けるようになるのが逃避学習です。学校に行ってもいつもいじめを受けるわけではなくても，学校に行かなくなるのが回避学習といえます。この場合，学校に行かないといじめも受けないので恐怖反応は低減しますから，不登校は維持されることになります。

　条件づけが成立した後に，反応しても強化を与えないようにすると，古典的条件づけの場合と同様に，オペラント条件づけでも獲得した反応は次第に消去します。反応が消去した後に，しばらく時間を空けると自発的回復を示すようになります。さらには，弁別刺激に対する般化も起こります。これらの点は，いずれも古典的条件づけと同様です。なお，オペラント条件づけの消去訓練中に，動物はフラストレーションを起こし，奇妙な行動を示すことがあります。動物の気持ちになってみれば「畜生！　何でレバーを押しても餌が出ないんだ!!」といったところでしょうか（これが動物の心の擬人化です）。

3. 強化の種類とタイミング

　オペラント条件づけでは，被験体の反応を増やしたり減らしたりするために，反応に対する強化を研究者が操作します。強化の与え方には，次の4つの手続きがあります。

　①正の強化（positive reinforcement）：反応を増やすように良い結果を与える手続き（たとえば，勉強したらほめる）。
　②負の強化（negative reinforcement）：反応を増やすように悪い結果を取り除く手続き（勉強したらお手伝いを免除する）。
　③正の罰（positive punishment）：反応を減らすように悪い結果を与える手続き（ゲームをやりすぎたら叱る）。
　④負の罰（negative punishment）：反応を減らすように良い結果を取り除く手続き（ゲームをやりすぎたらテレビを見せない）。

　ここで負の強化とは罰を与えることではないことに注意してください。オペラント条件づけでは，強化という用語は反応を増やす手続きで，罰という用語は反応を減らす手続きのことをさします。
　ただし，罰を与える訓練には注意が必要です。なぜなら罰の使用は，次のような望ましくない結果になることがあるからです。

　①罰を繰り返していると，それに慣れて罰の効果はだんだん弱くなる。
　②望ましくない反応を抑制できても，良い反応が何かを動物に教えることができないので，自発的な反応全般が抑制される。
　③罰を与える人やその時の環境を嫌悪するようになる。
　④罰のない環境では反応が維持される。
　⑤動物が攻撃的になる。

　強化の際に用いる具体的な刺激を，強化子（reinforcer）とよぶことがあります。ただ，強化子という用語を使うと，強化として何か具体的な品物を与えなくてはいけないと思うかもしれません。しかし，強化は品物でなくても何か特別な行動を許可するということでもよいのです。たとえば，40分勉強すれば10分間ゲームをしてもよいという

ような強化の仕方です。このように，指示しなくても勝手に行う行動を許可することを強化子として，自分ではなかなかやらない行動を増やすという考え方を，プレマックの原理（Premack's theory）といいます。この考え方は，強化子の選択幅を広げ，オペラント条件づけの応用に大きな影響を及ぼしました。

　強化を与えるタイミングは，古典的条件づけと同様に反応直後でないと，オペラント条件づけは一般に成立しないと考えられています。つまり，反応と強化との近接性です。また，強化を与える頻度を変えると，反応パターンや消去の早さが変化することを，スキナーを中心とする研究者らが発見しました。これを強化スケジュール（reinforcement schedule）の研究とよびます。強化スケジュールによると，目標反応を1回するたびに強化を与える連続強化と，反応を何回かしたら時々強化を与える部分強化とでは，部分強化のほうがより反応が強くなる（消去がゆっくりになる）ことがわかりました。たとえば，パチンコなどのギャンブルでは，いつ大当たり（強化）が来るかわからないのに，外れても外れてもヒトはその行動を継続します。パチンコは強化の頻度が変動的な部分強化（変動比率スケジュール：variable-ratio schedule）なのです。

4．教育への応用と他の分野への影響

　スキナーはオペラント条件づけを実験室の中（実験的行動分析：experimental analysis of behavior）だけではなく，現実の社会に応用することに強い関心をもっていました。実際に，彼はオペラント条件づけを教育場面や軍事場面に応用することに力を注ぎました。それらを応用行動分析（applied behavior analysis）といいます。

　オペラント条件づけを教育場面で応用した一番有名な例が，プログラム学習（programed learning）とよばれるシステムです。これは学習目標を段階的に分けて，少しずつ難易度を上げていくシェイピングと，回答に対する正誤（強化）をすぐに知らせる時間的近接性に従った学習システムです。それを実現するための機械として，ティーチング・マシーン（teaching machine）とよばれる教育機器も作られました。しかし，ティーチング・マシーンはコストパフォーマンスの観点から大きく広がることはなく，特に日本ではほとんど注目されません

でした。

　ティーチング・マシーン自体は普及しませんでしたが，教育方法を
システム化し効率化しようという考え方はその後も発展しています。
たとえば，コンピュータの進展とともに，複雑な条件設定ができる
CAI（computer assisted instruction）というシステムが開発されま
した。ただし CAI では，プログラム学習だけでなく，動機づけや記憶
などの認知心理学的観点から開発が行われています。さらに，イン
ターネットの発展とともに，時間と場所の制約に縛られない学習シス
テムが開発されています。これらは現在，e-learning などとよばれ，心
理学の知見を教育という現場に応用し，技術的な問題に対処する教育
工学的な研究につながっています。

　他にも，行動経済学や臨床心理学と結びつき，現実の人間社会でオ
ペラント条件づけの考え方が利用されています。スキナー箱の実験で
は，空腹のネズミやハトを使いますが，人間社会にそれを応用する場
合には，そのままというわけにはいきません。特に，何が良い結果で
何が悪い結果なのかは人それぞれ違います。ですから，何を強化子と
して条件づけを行うのか観察を十分に行い，どういうステップで条件
づけを進めていくのか，しっかりと査定をする必要があります。それ
を応用行動分析では特に課題分析（task analysis）とよんでいます。

4 節　条件づけでは説明のできない動物の行動変化

　本章の最初に述べたように，現在の観点から見れば，条件づけは学
習を効率的に進めるための技法として理解すべきであり，条件づけだ
けで動物の学習の仕組みのすべてを説明できるわけではありません。
ここでは条件づけによらない動物の行動変化について，生得的反応と
認知的な解釈について説明します。

1．生得的反応：学習によらない行動変化

　ヒトも含めた動物は，特別な学習（経験）をしなくても，外的な刺
激に対して行動を変化させる能力をもっています。それを生得的反応
（innate response）といいます。これらの生得的反応は学習ではあり
ませんが，生得的反応がより複雑で柔軟に変化したものが学習だとも

考えられ，その現象について理解することは学習研究にとって重要です。

　動物の生得的反応には，走性（taxis：特定の刺激に対する全身の反応。たとえば，蛾は光に集まる）や反射（reflex：特定の刺激に対する身体の部分的反応。たとえば，ヒトの膝の下をたたくと足が持ち上がる）などいくつか知られています。ここでは定位反応（orienting response）と本能行動（instinctive behavior）について取り上げます。

（1）定位反応

　定位反応とは，外部の刺激に対して注意を向けることです。たとえば，突然隣の部屋で大きな音がしたら，そちらに顔を向ける反応を起こすはずです。これは学習による反応ではなく，ほとんどの動物が生まれつきもっている行動レパートリーです。

　ところが定位反応を起こした刺激が何度も何度も起きたらどうなるでしょう。音がしても何事もなければ，私たちは次第にその音に慣れ，反応しなくなっていきます。これを馴化（habituation）といいます。馴化とは，無害なものにはいちいち反応しないという動物の生存戦略を反映していると考えられています。またある刺激に馴化した後に，別の刺激を呈示すると，再び元の刺激に反応するようになることを，脱馴化（dishabituation）といいます。さらに，動物はある刺激を受けることで，普通なら反応しないような刺激にも強い反応をするようになることがあります。これは鋭敏化（sensitization）です。たとえば，暗闇では普段反応しないような物音にも注意を向けるでしょう。

（2）本能行動

　定位反応よりも複雑な行動ですが，学習というよりは生得的反応の一種だと考えられるものに本能行動があります。イトヨ（three-spined stickleback）という魚は繁殖時期になるとオスの腹部が赤くなります。その時期のオスは自分の縄張りを守るために，腹部が赤い動くものならば，イトヨに全然形が似ていない模型にも攻撃行動を仕掛けることを，動物行動学（ethology）の始祖の一人ティンバーゲン（Tinbergen, N.）が明らかにしました。同じく動物行動学の始祖の一人であるロー

第2章　学習の基礎研究：動物を使って学習の仕組みを探る　25

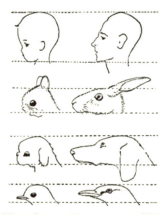

▲図 2-5　大人と子どもとの比較
(Lorenz, 1943)

　レンツ（Lorenz, K. Z.）は，ハイイロガンのヒナは孵化した直後に見た動くものを，あたかもそれが親であるかのようについていく行動を示すことを報告しました。これは刷り込み（または刻印づけ：imprinting）とよばれる本能行動です。ヒトにも本能行動があります。たとえば，おでこが広く，目が大きく，頭が大きく描かれたキャラクターは，それがどんな動物の姿をしていても子どもだと理解し，かわいらしさ（cuteness）（図 2-5）を感じます。これなどはヒトの本能行動だとも考えられます。

2. 動物の学習行動の認知的理解

　20 世紀初頭「賢いハンス（Clever Hans/Kluger Hans）」という話題がベルリンで注目されました。ハンスという名前の馬が，四則計算の答えなどをひづめで正しい回数たたくというニュースでした。しかし，出題者も答えを知らない状況（二重盲検法：double-blind test）でテストをしてみると，ハンスは正解できなくなりました。どうやらハンスは，周りにいる人たちが正答への期待から見せる行動のわずかな変化（身を乗り出すような）をとらえていたようなのです。この顛末がアメリカに伝わったことも 1 つの原因となり，動物の行動を解釈するときには高次の心理的現象（考えるとか計算する）の結果としてではなく，より低次の過程（刺激に反応する）としてとらえるべきで

あるという考え方が，その後の心理学において広まっていきました。この考え方はモーガンの公準（Morgan's canon）とよばれています。

　モーガンの公準に従った研究手法が一般的になっていく中で，条件づけ研究も盛んになっていきました。しかし，動物の学習行動を観察していくと，条件づけだけでは説明のできない現象が多く出てきました。やはり，刺激と反応の関係だけを考えるのではなく，動物が何を考えているのかという動物の認知を仮定しないと説明ができないことが明確になったのです。その例として，ここでは歴史的に有名なチンパンジーの研究，ラットの研究，イヌの研究，ヒトの研究を，それぞれ1つずつ取り上げます。

(1) チンパンジーの研究

　1910年代にドイツのケーラー（Köhler, W.）は，アフリカでチンパンジーを使った問題解決の実験を行いました。チンパンジーは手の届かない天井にある餌を取るときに，試行錯誤によって少しずつ学習するのではなく，ある時突然ひらめいて問題を解決する（部屋の隅にあった箱を積み上げる）能力があること，過去の経験を生かし応用する能力があること，道具を使う（棒を利用して餌を取る）能力のあること，学習能力には個体差があることなど，現代の動物心理学の知見を先取りするような観察結果を残しています。場の理論や知覚の再体制化といった独特の理論をもつゲシュタルト心理学（gestalt psychology）に属していたケーラーは，このようなチンパンジーのひらめきによる問題解決能力を洞察（insight）という認知的な用語で説明しました。ヒトの場合は，ひらめきをアハー体験（aha experience）などともよびます。

(2) ラットの研究

　1930年にアメリカのトールマン（Tolman, E. C.）は，ラットを使った迷路実験を行いました。まだ餌が置かれていない迷路を事前に探索したラットは，探索経験のないラットよりも，その後の迷路学習を早く習得しました。この結果は，餌という強化のない環境でも動物は何らかの学習をしていることを示しており，反応と強化の随伴性が重要だと考えるオペラント条件づけの原則からは外れています。事前

第2章　学習の基礎研究：動物を使って学習の仕組みを探る　27

の探索行動を行ったラットは，迷路内部の構造についての知識（認知地図：cognitive map）を強化なしで学習していたと考えられます。それは行動に表れる前の認知的な変化（潜在学習：latent learning）であり，こちらに行けば別の通路があるというようなラットの期待（expectancy）を反映していると考えたのです。

（3）イヌの研究

　アメリカの心理学者セリグマンら（Seligman & Maier, 1967）は，イヌを使った実験を報告しました。実験ではイヌをハンモックに固定し，足に電気ショックを与えました。その際，頭でパネルを押せば電気ショックを止めることができたイヌは，その後の行動に特別な変化はありませんでした。しかし，パネルを押しても自分では電気ショックを止めることができなかったイヌは，その後ハンモックから降ろされ，自由に行動できるようになっても，電気ショックからの逃避・回避行動が少なくなったのです。

　この現象は，反応（頭でパネルを押す）と強化（電気ショックが止まる）の対呈示を受けたイヌではなく，受けなかったイヌのほうに行動の変化が表れた（電気ショックを避けようとしない）という点で，オペラント条件づけの原則から外れています。むしろ，自分では何をやってもダメなんだという認知的なあきらめを学習したのです。セリグマンらは，この現象を学習性無力感（learned helplessness）とよびました。

（4）ヒトの研究

　1960 年代にバンデューラ（Bandura, A.）らは，ヒトの子どもを対象としたボボ人形の実験（Bobo doll experiment）とよばれる研究を発表しました。おもちゃの人形に暴力をふるう大人の行動を，映像で観察した 4 歳程度の子どもたちは，その後（特に男子は）同じようにおもちゃの人形に暴力をふるう遊びを行ったというものです。これは自分自身の経験がなくても，他者の行動を観察するだけで行動変化が起きることから，観察学習（observational learning）とよばれています。

　また，おもちゃに暴力をふるっていた大人がその後，別の大人に罰

せられる映像を見た場合は，子どもたちの暴力行動は抑制されることも示しました。そのため，バンデューラらは，ヒトは観察によって自分も同じ行動をすれば同じ結果になるだろうという結果の予期を認知するのだと考えました。彼らはその後この研究を発展させて，行動によって結果が変わるかという結果予期 (outcome expectation) と，その行動を自分ができるかという効力予期（efficacy expectation）が，ヒトの行動には重要であるという自己効力感（self-efficacy）の研究につなげていきます。

　ちなみにこの観察学習については，動物ではなくヒトの研究例を紹介しました。実は，動物では観察学習の証拠を得るのが大変難しいのです。古くからタコやトリの一部など，比較的視覚のよい動物では観察学習を行うという報告がありましたが，動物では観察学習はヒトほど一般的な現象ではないようです。それでも最近，類人猿やイヌなど，いくつかの種で観察学習の報告が行われてきているので，いずれこの見方も変わっていくかもしれません。

5 節　最後に

　この章でみてきたことは，動物の学習行動を理解するための説明原理でした。人間社会への応用という観点から見れば，圧倒的に条件づけが中心ですが，生得的反応や学習行動の認知的理解も，ヒトを含めた動物全般の行動理解にとっては重要な視点です。20 世紀初頭に始まった動物を使った学習心理学の研究は，認知心理学，神経科学，動物行動学などの周辺学問と，互いに影響を与え合いながら，現在もその研究のすそ野を広げています。条件づけの研究も，現在は刺激と反応だけでその現象を語るのではなく，動物の注意（attention）や期待といった認知的概念を取り入れて理論を発展させています（たとえば，ピアース＝ホール・モデル：Pearce-Hall model）。

　また研究対象もネズミやハトなどのいわゆる実験動物だけではなく，最近ではペットであるイヌやネコ，動物園のゾウやイルカなど，実にさまざまな動物の認知学習能力が検討されています。そうした動物たちは，ネズミやハトとは違い，ヒトとも違う，それぞれの生息環境に適応した学習能力をもつことが明らかになってきています。種によっ

て何が同じで何が違うのかという学習能力の比較を通して，人間とは
何かという人類の究極の問いに対する学習心理学的な答えも見つかる
はずです。

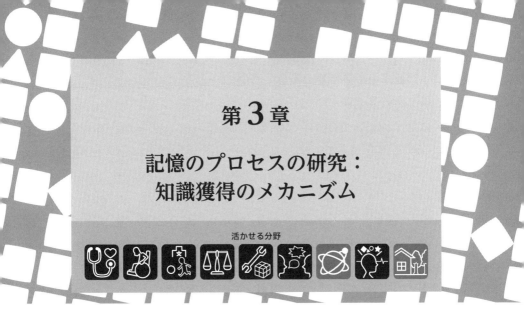

第3章
記憶のプロセスの研究：知識獲得のメカニズム

　私たちは，どのようにして，多くの情報を学習し，そしてそれを知識として蓄えているのでしょうか？　情報を頭に貯蔵する仕組みを知っておくことはとても大切です。本章では，情報を頭に入れる働き，すなわち学習や記憶という心の働きについて，その基礎的な知識を紹介していきます。

1節　知識獲得（学習）のメカニズム

　心理学では，新しい情報を獲得する過程を学習（learning）として，古くから動物を被検体とする研究が多くなされてきました。学習をどのようにとらえるのかについては，大きく2つのとらえ方があります。1つは，学習を刺激と反応の連合としてとらえる行動主義心理学の立場，そして，もう1つは，学習を情報処理としてとらえる認知心理学の立場です。行動主義心理学が経験を通して生じる行動の変化として学習を研究したのに対し，認知心理学は，人をある種の情報処理システムとみなし，学習を情報処理とその結果として獲得された知識を記憶にとどめる過程ととらえました。これら2つの立場は，いずれの立場が正しいということではなく，それぞれに学習の重要な側面を表しています。

1．行動主義心理学がとらえた学習

（1）古典的条件づけ

　パヴロフ（Pavlov, I. P.）は，学習の基礎形態である古典的条件づけの実験を行いました。彼は，犬の口の中に肉粉が流れ込む装置を作りました。もちろん，犬は肉粉を与えられると自然に唾液を出します。そこで，次に彼は肉粉が犬の口の中へ流れ込む直前にベルの音を鳴らすようにして，それを何回も繰り返しました。そのうちに，犬はベルの音を聞いただけで唾液を出すようになったのです。これは条件反射としてよく知られている現象です。ただし，注目してもらいたいことは，犬がベルの音に対して唾液を出すことは，この実験をする前にはなかったということです。まったく無関係であったベルの音という刺激と唾液分泌という反応の間に新しい連合がつくられたのです。パヴロフが考える学習とは，刺激と反応の新しい連合なのです。そして，ベルの音（条件刺激）に対して，肉粉（無条件刺激）が時間的に接近して提示されることが，学習成立（刺激と反応の新しい連合）のために必要なのです（第2章の図2-1を参照してください）。よく梅干しをみただけで，自然と唾液が出ることが古典的条件づけの例にあげられますが，梅干しを見て，その直後に味わう酸っぱさの結果，梅干しの外見と唾液分泌の新しい連合が成立したのです。このように，本来，人間がもっていない刺激と反応の結びつきを習得していくのが学習であり，知識を獲得するメカニズムの1つです。

（2）道具的条件づけ

　スキナー（Skinner, B. F.）は，道具的条件づけに関する実験を行っています。彼は，スキナー箱とよばれる装置を作りました。この装置の特徴は，箱の中にあるレバーをネズミが押せば餌が出る仕掛けになっていることです。空腹のネズミは，最初餌を求めて箱の中をうろつきまわります。そして，偶然にレバーに触れ，餌が出てきて，その餌を食べることができます。この偶然が繰り返されますと，ネズミは箱に入れられたらすぐにレバーを押すようになります。ネズミはレバーを押して出てきた餌を食べることを学習したわけです。この条件づけにおいて学習成立のための重要な条件である強化は，レバーを押

すというネズミの自発的反応（オペラント反応ともいいます）の直後に餌（これを強化刺激とよんでいます）が与えられることです。ここでの強化刺激は，私たちの生活でいえば，報酬や賞賛にあたるものです。報酬や賞賛が与えられる直前にした行動が学習されることになります（第2章の図2-4を参照してください）。

2．認知心理学がとらえた学習

　認知心理学では，人間を情報処理のシステムとしてとらえています。そして，学習という言葉よりも，記憶という言葉を用いることが多いようです。すなわち，人間は，情報を処理した結果，その情報を頭の中に蓄えると考えているのです。情報にもいろんな種類がありますので，それぞれの情報を処理するシステムも異なります。以下に，その代表的な記憶の概念を紹介しましょう。

(1) 短期記憶と長期記憶

　アトキンソンとシフリン（Atkinson & Shiffrin, 1968）は，図3-1に示したようなモデルを提唱しています。このモデルでは，感覚貯蔵庫（sensory store），短期貯蔵庫（short-term store）および長期貯蔵庫（long-term store）という3つの情報の貯蔵庫を仮定しています。このモデルでは，情報は感覚器（視覚，聴覚等）を通して，最初に感覚貯蔵庫に貯蔵されます。この貯蔵庫の容量はとても大きく，感覚器

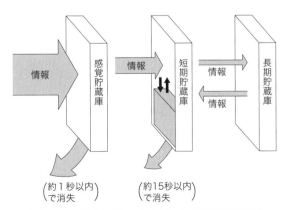

▲図3-1　アトキンソンとシフリンの多重貯蔵庫モデル
(Atkinson & Shiffrin, 1968)

でとらえた情報のほとんどを貯蔵することができます。たとえば，あなたが今見ている目の前の風景は感覚貯蔵庫にすべて貯蔵されているのです。ただし，この感覚貯蔵庫は情報をおおよそ1秒くらいしか貯蔵することができません。それ以上たつと，感覚貯蔵庫からは消えてしまうのです。しかし，感覚貯蔵庫から情報がすべて消えるのではなく，その一部が短期貯蔵庫に移されます。

　では，短期貯蔵庫はどのようなものなのでしょうか。第1の特徴は，短期貯蔵庫は容量に限界があるということです。その容量は，およそ7チャンク（chunk）程度と考えられています。チャンクというのは，「ひとまとまり」という意味で，まとまりのある7つの情報を貯蔵することができます。たとえば，7桁の数字はそれぞれの数字がお互いにランダムに配列された場合（たとえば，1542896）には7チャンクとなりますが，090-＊＊＊＊-＊＊＊＊というような電話番号の場合は区切りによってまとまりができるので3チャンクととらえられます。短期貯蔵庫の第2の特徴は，貯蔵時間の制限があるということです。およそ15秒で短期貯蔵庫の情報は消えてしまいます。たとえば，誰かに電話をする場合，その電話番号は電話をかけると忘れられてしまいます。ただし，その電話番号を忘れないようにするために，繰り返しその番号を反復して唱えることがあります。このように覚えようとする情報を反復して唱えることをリハーサル（rehearsal）とよびます。このリハーサルによって，覚えようとする情報は短期貯蔵庫に残るか，あるいは長期貯蔵庫へと移動することになります。一般に，短期貯蔵庫に情報を維持するためだけのリハーサルを維持リハーサル（maintenance rehearsal），短期貯蔵庫から長期貯蔵庫へ情報を移動するためのリハーサルを精緻化リハーサル（elaborative rehearsal）とよんでいます。

　さて，最後の貯蔵庫としての長期貯蔵庫の特徴はどのようなものでしょうか。第1の特徴は容量が大きいということです。たとえば，人の名前，文字，歴史の年号，数式等，多くの知識がこの長期記憶に貯蔵されています。第2の特徴は，貯蔵期間も長いということです。人の名前など，急に出てこないこともありますが，消えてしまうことはめったにないことです。このように，感覚貯蔵庫から短期貯蔵庫，そして長期貯蔵庫への情報が移動されていく流れをこのモデルが明確に

しています。感覚貯蔵庫を除く，短期記憶と長期記憶の区分は重要であり，二重貯蔵モデルとよばれることもあります。したがって，このモデルの視点からいえば，短期記憶に入った情報を長期記憶に移動させることが，学習であるということができるのです。短期記憶から長期記憶へと情報が移動されるのですから，長期記憶の情報（知識）を参照するためには，短期記憶を通らなければなりません。ですので，短期記憶の容量と長期記憶が関連するテスト成績（たとえば，文章理解の成績）はお互いに関連すると考えられていました。たとえば，読書をする場合を考えてみましょう。私たちが文を読む場合，その文に含まれている単語の情報を保持して，なおかつその単語の意味を理解する必要があります。ただし，その単語の意味は長期記憶内に貯蔵されていますので，その長期記憶の情報を参照しなければなりません。しかし，興味深いことに，短期記憶を調べるための記憶テストの成績と，長期記憶が関連すると考えられる文章理解テストの成績との間に，ほとんど関係はありませんでした。このことは，短期記憶がただ単に一定の時間単純に情報を保持するだけのものではないことを示しています。もし，短期記憶が一定時間情報を保持するだけのものであれば，先にあげた文章理解テストの成績が反映されるような日常生活における言語理解や思考などの認知活動はできないことになります。読書の例で考えますと，文を読んでその情報を保持するだけでなく，その情報がどのような意味なのかを長期記憶（知識）に蓄えられている多くの意味から一瞬にして探してくるというような処理が行われていると考えられるのです。もし，情報を保持するだけでしたら，意味がわからないし，本を読み進んでいくことはできないことでしょう。このように，保持された情報を利用して，長期記憶との関係において，何らかの情報処理をしていることが，日常生活における多くの認知活動を可能にしているのです。それゆえ，単に情報を保持する働きをもつものとして用いられた短期記憶に代わって，情報を処理する働きを付け加えたワーキングメモリ（working memory；作動記憶）という概念が出現してきたのです。

（2）ワーキングメモリ

　読書をしている場合を考えてみましょう。文を読んだ瞬間，私たち

は，その文中にある単語をすぐに忘れてしまうことはありません。その単語が忘れられる前にその単語を自分の知識内にある単語と照合して，その意味を理解し，文全体の意味を理解しているのです。つまり，単語を保持しながら，単語の意味を理解するための情報処理をしていることになります。また，算数の計算の場合を考えてみましょう。たとえば，1の位の足し算によって繰り上がりがある場合，その繰り上がりの値をいったん保持しておいて，10の位の計算をし，後でその繰り上がりの値を足すという処理を行っています。ここでも，繰り上がりの値という情報の保持と同時に足し算という情報の処理をしているのです。このような情報の保持と情報の処理という2つの働き（機能）をもっているのが，ワーキングメモリとよばれる記憶のシステムなのです。このワーキングメモリがあることで，私たちの生活における言語理解や思考などの認知活動は可能になるのです。

　図3-2には，バドリー（Baddeley, A. D.）による最もよく知られているモデルが示されています。このモデルの中心には中央実行系（central executive）があります。そして，この中央実行系が音韻ループ（phonological loop；音韻情報を保持している部分）や視空間ス

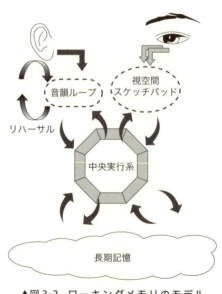

▲図3-2　ワーキングメモリのモデル
　　　　（Baddeley, 1992）

ケッチパッド（visuo-spatial sketchpad；視空間的情報を保持している部分）を管理しているのです。そして，日常生活におけるより複雑な認知活動（言語理解，推論など）に必要な処理を実行し，その処理の実行結果を一時的ではあるが保持するという機能をもっています。

　このモデルでは，中央実行系を動かしているエネルギーを仮定しています。それを処理資源（processing resources）とよんでいます。そして，処理資源の容量には限界があるとされています。したがって，この中央実行系がうまく働くか否かは，処理資源の容量が多いか少ないかによって決まるのです。

　さて，中央実行系によって管理されているのが音韻ループと視空間スケッチパッドです。音韻ループは音に関する情報のみを一時的に保持するための部であり，視空間スケッチパッドは，形や位置関係等の視空間的情報を保持する部分です。そして，これらの2つの部分は，長期記憶（知識）との情報のやりとりをしていると仮定されています。バドリーとヒッチ（Baddeley & Hitch, 1974）は，音韻ループと中央実行系がお互いに独立していることを明らかにしています。ただし，音韻ループが関与する課題が難しくなる（負荷が大きくなる）と，中央実行系が関与する課題の成績が低下することも示されています。これは，音韻ループは一定の処理資源の容量をもっており，その容量の範囲内であるならば，中央実行系に負担をかけずに処理できることを示しています。しかし，音韻情報を保持する課題をこなすために必要な処理資源がその容量を超えた場合には中央実行系から処理資源を借りてくる必要があり，中央実行系の処理に負担がかかるのです。音韻ループと同じようなことが，視空間スケッチパッドにおいても明らかにされています（Phillips & Christie, 1977）。さらに，三宅（1995）によれば，音韻ループの働きのみが損なわれた人の症例（Vallar & Shallice, 1990）や視空間スケッチパッドの働きのみが損なわれた人の症例（Hanley et al., 1991）が報告されています。これらの症例は，音韻ループや視空間スケッチパッドを仮定した上記モデルを支持する証拠となっています。

第3章　記憶のプロセスの研究：知識獲得のメカニズム　37

2節　知識の構造と記憶の区分

　私たちが，学習した結果，短期記憶から長期記憶へ移動した情報は，どのように知識として貯蔵されているのでしょうか？　認知心理学では，情報の質によって貯蔵される場所が異なると考えられています。

1．意味記憶とエピソード記憶

　タルヴィング（Tulving, 1972）は，貯蔵される情報の質に対応して，2つの記憶の区分を提唱しています。日常生活における常識や教養などの知識に関する情報は，意味記憶（semantic memory）に保持されています。一方，過去のさまざまな個人的な出来事は，エピソード記憶（episodic memory）に保持されています。

（1）意味記憶

　コリンズとロフタス（Collins & Loftus, 1975）は，図 3-3 に示されているように，多くの概念がネットワークで結びついている意味記憶のモデルを考えています。このモデルでは，2つの概念がお互いに

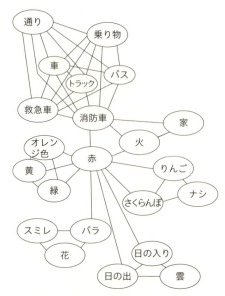

▲図 3-3　意味記憶のネットワークモデル
(Collins & Loftus, 1975)

意味的に関連したものであれば，その間のリンクが短く表現されています。たとえば，図中の「乗り物」という概念は，他のさまざまな種類の乗り物（「消防車」「トラック」「バス」「救急車」）と共通する特性を数多くもっています。そのために，これらはお互いに近い位置で表現されており，意味的関連性が強いことになります。したがって，このモデルで表現されるリンクの長さ（概念間の距離）は，2つの概念間の共通特性の数に基づいているといえます。共通特性の数が多いとリンクの長さは短く表現されるのです。

　このモデルでは，ある概念が処理されるとその概念の活性化の水準が高まり，その活性化のエネルギーがリンクのつながった概念ノードへと広がっていくと仮定しています。これが活性化拡散（spreading activation）という考えです。活性化拡散が生じると，最初の概念の活性化水準はエネルギーが他の概念に広がっていくので低下していきますが，拡散してきたエネルギーによって関連ある概念の活性化水準は高まることになるのです。したがって，ある概念の活性化水準が，他の概念から波及してきた活性化のエネルギーによって高められ，その概念の処理が促進されることがあります。

　このことの証拠になるのが，メイヤーとシュヴァネヴェルト（Meyer & Schvaneveldt, 1971）によって最初に見出されたプライミング効果（priming effect）という現象です。最近では，後述する直接プライミング効果と区別して，間接プライミング効果とよばれています。図 3-4 には，間接プライミング効果に関する研究で一般的に用いられる手続きが示されています。実験手続きを要約すると，まず実験参加者は注視点（「＋」）をみて，その直後に提示されるプライム（第 1 文字列）が単語か，非単語（単語でない）かを判断するように求められます（これを語彙判断とよんでいます）。

　図の例では，「机」は単語ですので，参加者の判断は「はい」になります。ここで注目してもらいたいのは，このプライム（「机」）は，後

注視点	プライム	参加者の反応	ターゲット	参加者の反応
＋	机（関連語）	はい	椅子	はい
	紙（無関連語）		椅子	

▲図 3-4　間接プライミング効果の実験手続きの例

で提示されるターゲット（「椅子」）と意味的に関連があるということです。一方、「紙」という、ターゲットと無関連な語が提示され、それに対する語彙判断を求められる場合もあります。つまり、プライムとターゲットが意味的に関連する場合と関連しない場合とで、ターゲットの語彙判断に要した時間を比較したのです。その結果、意味的に関連する場合が、関連しない場合よりも、ターゲットの語彙判断が明らかに速くなりました。すなわち、先にターゲットと関連ある語（プライム）が語彙判断されていると、ターゲットの語彙判断の処理が促進される現象が出現したのです。この現象は、以下のように解釈されます。プライムが処理された際に活性化拡散によってターゲットにも活性化エネルギーが拡散し、ターゲットの活性化水準が高まります。そして、ターゲットの語彙判断が求められた場合には、すでにプライムによって活性化水準が高まっているので、語彙判断が可能な活性化水準にまで活性化が高まる時間は短くなり、その結果、語彙判断は速くなるのです。無関連語がプライムの場合には、活性化拡散がターゲットには及ばないので、活性化水準が事前に高まらず、このような促進は生じないわけです。

　この活性化拡散の考えからすると、学習すべき新しい概念と関連する概念をあらかじめ処理させておくと新しい概念の習得が促進される可能性が期待できます。したがって、授業において教材や学習内容の配列は学習効率の向上のために重要な視点なのです。

(2) エピソード記憶

　意味記憶に保持された情報は知識と対応しますので、特定の時間や空間とは結びついていません。たとえば、私たちは、ある単語の意味は記憶していますが、その意味をどこで学習したのかは意識していません。しかし、エピソード記憶には、個人的な過去の出来事に関する情報が保持されていますので、それらの情報は特定の時間や空間と結びついています。

　エピソード記憶が時間や空間と結びついていることを示す原理が、タルヴィングとトムソン（Tulving & Thomson, 1973）が主張した符号化特定性原理というものです。これは、ある情報を覚える際の場面や状況（符号化文脈）と思い出す際の場面や状況（検索文脈）とが

一致するほど記憶成績はよくなるというものです。たとえば，記憶の実験をした場合，いくつかの単語をAという実験室で覚えてもらったとします。そして，1日経ってから，覚えたときと同じAという実験室で思い出してもらう場合と，Bというまったく別の部屋で思い出してもらう場合では，記憶成績はどうなるでしょう。符号化特定性原理からすれば，A実験室で思い出す場合のほうが記憶成績はよくなると予想されます。それは，単語を覚えた際の符号化文脈（A）が思い出すときの検索文脈（同じA実験室）と一致しているからです。私たちが，試験等で学習した内容を思い出されるか否かは，学習した際の符号化文脈が試験等での検索文脈と一致している程度に左右される可能性があります。

2．その他の記憶区分

　保持される情報の質によって，意味記憶とエピソード記憶の区分を紹介してきましたが，情報の質による区分はその他にもあります。図3-5に示したように，単語完成テストを用いた実験があります。そこでは，たとえば，「だい□□ろ」というテスト項目の□の空欄に適切な文字を入れ，5文字の単語を完成させるテストです。実験では2つの条件が設定されました。その2つの条件とは，プライムとしての「だいどころ」が先に提示されてから「だい□□ろ」というテストを受ける実験条件，およびプライムは提示されないで，「だい□□ろ」というテストを受ける統制条件です。プライムが提示された実験条件が統制条件よりもテストの正答率が高い現象を直接プライミング効果とよびます。先に正答を見ているのだから当然だと思うかもしれませんが，この直接プライミング効果は，先に提示されたプライムを思い出さない場合でも生じるので，潜在記憶（意識されない記憶）の基本的現象と考えられています。太田（2008）によれば，プライムが提示されて

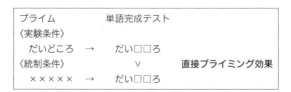

▲図3-5　単語完成テストの例（太田，2008）

からかなり時間が経過した後でも，直接プライミング効果は生じることがわかっています。たとえば，5週間 (Komatsu & Ohta, 1985)，1年 (Sloman et al., 1988) 経過した後でもです。この直接プライミング効果は，プライムである単語の知覚的表象を知覚表象システムで保持し，テスト項目が提示されると□以外の部分が手がかりとなって語全体が活性化すると考えられています。したがって，知覚表象が保持されている知覚表象システムも，記憶の1つの区分として位置づけられています。また，物事の手順等の認知・運動的スキルを保持している手続き記憶という記憶の区分もあります。そして，これまで述べてきた記憶は，すべて過去経験の記憶という意味で回想記憶とよばれています。

　一方，未来の行動に対する情報を保持する記憶として展望記憶という区分があります。たとえば，「明日，ポストに手紙やはがきを投函しよう」とか，「○日に○○さんに会ったら○○を渡そう」というような未来における意図を含む情報を保持することが展望記憶という区分になります。

　これまで述べてきた記憶とは保持される情報の質とその働きがまったく違っているのが，メタ記憶です。メタ記憶とは，記憶に関する知識を保持しており，その知識によって，自分の記憶活動をうまく制御することができます。「語呂合わせやイメージをするとよく覚えられる」という知識があるので，覚え方を工夫したり，「まだ十分に覚えてないので，もう少し時間をかけて復習しよう」と意識的に自分の記憶活動を制御することができるのです。

　想起することを意識するか否かによる区分もあります。エピソード記憶は顕在記憶ともいい，想起意識（自分が経験したとして思い出す意識）のある記憶です。一方，意味記憶，知覚表象システム，手続き記憶は潜在記憶とよばれ，想起意識のない記憶です。図3-6では，その意識がある情報の流れが実線の→，ない情報を点線の→で示されています。感覚登録器（先に紹介した感覚貯蔵庫）から長期貯蔵庫への点線は，意識されない情報です。また，長期貯蔵庫から反応として出力される点線は，潜在記憶からの想起意識がない情報の出力です。一方，短期貯蔵庫から出力される情報は想起意識があり，顕在記憶からの反応になります。さらに，情報が言葉で表現できるか否かの区分も

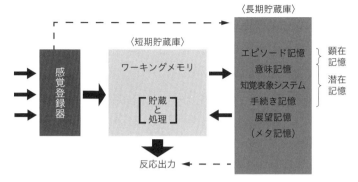

▲図 3-6　記憶区分とその関係（太田，2008）

あります。長期貯蔵庫にある回想記憶は，宣言記憶と非宣言記憶に分けられます。宣言記憶は，言葉で表現できる情報をもつエピソード記憶と意味記憶です。一方，非宣言記憶は，その他の記憶ということになります。

3節　記憶の過程

　1節では，知識獲得のメカニズムとしての学習について，2つの立場を解説しました。ただし，最近の心理学では，新しい情報を獲得するための働き（機能）を重視し，学習と記憶とは同じような意味に扱われています。ただし，学習と記憶とが異なる点は，記憶には，3つの過程が存在することです。私たちは，新しい情報を覚え，その情報を保持し，必要なときにその情報を再現して利用しています。このように，情報を覚える働き，保持する働き，そして思い出す（再現する）働きがすべて記憶の過程に含まれているのです。ですので，記憶には，まず，情報を覚える段階があります。目でみた情報や，耳で聞いた情報はそのままの映像や音声として頭に入れることはできません。これらの情報を頭に入れるために符号に変換することが必要です。頭の中には符号として入れるので，この過程を符号化（coding, encoding）とよんでいます。次に，この符号化された情報を頭の中で保持する段階があります。これを貯蔵（storage）とよびます。そして，最後にその貯蔵された情報を必要なときに思い出す段階があります。この思い出す段階を検索（retrieval）とよんでいます。したがって，記憶の過

程は，符号化，貯蔵および検索という 3 つの過程からなっています。以下に，符号化と検索についてもう少し詳しく紹介していくことにしましょう。

1．符号化

（1）処理水準

　クレイクとロックハート（Craik & Lockhart, 1972）は，ある情報に対する符号化はその情報がどのような処理を受けるかによって決まると考えました。言い換えれば，処理の水準（深い処理か，浅い処理か）によって記憶成績が決まるという考えです。これを処理水準（Level of Processing）説とよんでいます。クレイクとタルヴィング（Craik & Tulving, 1975）は，処理の水準（処理の深さ）を質問によって実験的に操作しました。そこでは，1 つずつ提示される単語に対して，浅い処理から深い処理に対応する質問を実験参加者に答えてもらい，その後，思い出す単語を答えてもらいました。表 3-1 に，処理水準に対応する質問の例が示されています。たとえば，実験参加者は，「TABLE」に対して「大文字で書かれていますか」という質問を受けると，大文字で書かれているので，「はい」と答えることになります。この際，「TABLE」という文字の形態的特徴（「大文字か小文字か」）を処理することになります。また，「crate」という単語に対して，「WEIGHT」と韻を踏んでいますか」という質問を受けると，参加者は「はい」と答えますが，その際，「WEIGHT」の発音（音韻）的特徴を処理しています。さらに，「FRIEND」に対して「"He met a _____ in the street." という文に当てはまりますか」という質問を受けると，参加者はこの場合も当てはまるので「はい」と答えます。そして，その

表 3-1　処理水準に対応する方向づけ質問（Craik & Tulving, 1975）

処理水準	方向づけ質問	単語	
		「はい」	「いいえ」
浅い：形態	この単語は大文字で書かれていますか？	TABLE	table
⬇ 音韻	この単語は「WEIGHT」と韻をふんでいますか？	crate	MARKET
深い：意味	この単語は "He met a _____ in the street." という文に当てはまりますか？	FRIEND	cloud

際には「FRIEND」の意味を処理することになるわけです。同じように，「いいえ」と答える場合についても，それぞれの質問に対応する処理がなされるのです。すなわち，質問によって，形態，音韻，意味という処理される特徴が異なり，これを浅い処理から深い処理への処理水準と対応させたのです。

このような質問に対して，「はい」と答えた場合と「いいえ」と答えた場合の記憶成績（再生率と再認率）が図3-7に示されています。ここでの再生率は，実験参加者が何も手がかりが与えられない場合に正しく思い出した単語の数から算出されたものです。また，再認率は，先に提示された単語と提示されなかった単語を混ぜて提示された場合に，先に提示された単語に対しては「あった」と答え，提示されていない単語には「なかった」と答えた割合をもとに算出したものです。つまり，先に提示された単語と提示されなかった単語をしっかりと区別していることを示す記憶成績となります。図3-7をみればわかるように，処理水準が深くなるにつれて（形態処理から意味処理へ進むにつれて），再生率および再認率は高くなっています。処理水準説が予想したように，浅い処理（形態的処理や音韻的処理）よりも深い処理（意味的処理）が記憶成績を高めるという結果になっています。

ただし，「はい」と答えた場合のほうが「いいえ」と答えた場合よりも再生率も再認率も高くなっていて，その差は特に意味処理（深い処理）において顕著です。このように，質問に対して肯定的反応をした

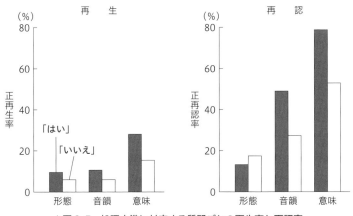

▲図3-7　処理水準に対応する質問ごとの再生率と再認率
（Craik & Tulving, 1975）

(「はい」と答えた)場合が否定的反応をした(「いいえ」と答えた)場合よりも記憶成績がよい現象を適合性効果(congruity effect)とよんでいます。

(2) 精緻化(elaboration)

　処理水準説からすれば,「はい」と答えた場合でも,「いいえ」と答えた場合でも,同じ意味処理(深い処理)に対応する質問に答えた場合には,同じ水準の処理であるから記憶成績には差がないと予想されます。しかし,適合性効果が見られたことは,処理水準以外の要因を設定しなければ,記憶成績を説明できないことになります。そこで,精緻化という概念が提案されたのです。精緻化は記銘語に情報を付加することですが(豊田,1987),適合性効果は,以下のように説明されます。「はい」と答えた場合には単語が参加者のもつ認知構造に統合されて単語に対して多くの情報が付加されます。一方,「いいえ」と答えた場合には認知構造に統合されないので単語に対して付加される情報は少なくなります。このように,単語に対して付加された情報の量,すなわち精緻化の程度が適合性の効果を生むと考えられています。

　では,なぜ多くの情報が付加されると,記憶成績が促進されるのでしょうか。図3-8に示すように,記銘語に多くの情報が付加されると記銘語を直接想起できない場合に付加された情報を介して記銘語を思い出すルート(検索ルート)が確保されます。記銘語に多くの情報が付加されるほどこのルートが多くなるので,記銘語が想起される可能

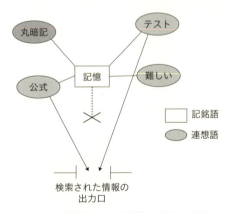

▲図3-8　検索ルートのモデル (豊田, 2000)

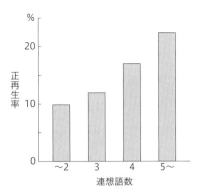

▲図 3-9　連想語数ごとの再生率（豊田，1990）

性は高くなるのです。豊田（1990）は，参加者に記銘語を覚えなさいとは言わずに，ただ単に1つずつ提示される記銘語（図中では「記憶」という単語）から連想する語（図中では，「公式」「丸暗記」「テスト」「難しい」）を一定時間内に報告するように言いました。そして，その後，記銘語でも，連想語でもよいので，思い出した順に書く（再生する）ように求めたのです。図 3-9 には，記銘語から連想された語が先に再生され，それに続いて記銘語が再生された割合すなわち連想語を介して記銘語を想起した割合が示されています。最初に連想した語数が多い記銘語ほど，この再生率が高くなっています。したがって，記銘語に付加される情報（この場合は連想語）の多さが検索ルートの多さを生みだし，記憶成績を促進している可能性が示されたのです。

　記銘語に付加される情報量だけでなく，情報の質の重要性を示す研究もあります。ステインら（Stein et al., 1978）は，記銘語を提示する場合に，表 3-2 に示したような3種類の枠組み文によって記憶成績に違いがあるか否かを検討しています。参加者は，記銘語を含んだこれらの文の理解しやすさを評定するように求められました。基本文は，記銘語（たとえば，「背の高い」）という文の主人公の特徴と，その行動（たとえば，「クラッカーを買った」）の関係はまったく任意（無関係）のものです。しかし，適切精緻化文における下線部分（「いちばん上の棚にある」を追加されると，「背の高い」と「クラッカーを買った」との間に必然性が生まれてきます（背が高いので，一番上の棚にあるクラッカーに手が届いてそれを買った）。一方，不適切精緻化文で

▼表 3-2　ステインらの用いた文の例（Stein et al., 1978）

文　型	記銘語	枠組み文例
基本文	tall（背の高い）	The tall man purchased the crackers.（背の高い男がクラッカーを買った。）
適切精緻化文		The tall man purchased the crackers that were on the top shelf.（背の高い男がいちばん上の棚にあるクラッカーを買った。）
不適切精緻化文		The tall man purchased the crackers that were on sale.（背の高い男が特価のクラッカーを買った。）

(注) 下線の部分が基本文に付け加えられた情報

は，下線部分（「特価の」）が追加されましたが，「背の高い」と「クラッカーを買った」との間に必然性が生まれてきません（背が高いことが特価のクラッカーを買ったこと理由にはなりません）。参加者は，文を手がかりとして，記銘語（主人公の特徴にあたる部分）を思い出すように求められました。もし，記銘語に付加される情報量だけが記銘語の記憶成績を決めるのであれば，基本文が最も短く情報量が少ないので記憶成績は悪くなり，適切精緻化文と不適切精緻化文は文の長さがほぼ等しいので，記憶成績は変わらないはずです。しかし，結果は，適切精緻化文が最も成績がよく，次いで基本文，最も悪かったのが不適切精緻化文でした。情報の質によって，記憶成績は左右されるのです。

　豊田（Toyota, 2000）は，記銘語（たとえば，「ながい」）に対して，交換可能文（かれのかみは ながい ）と交換不可能文（きりんのくびは ながい ）で提示する場合の再生率を比較しました。交換可能文は記銘語からの連想語（「みじかい」）が記銘語と入れ替わった場合でも意味が成り立つ（交換可能である）ので，記銘語に対する意味的限定性は弱くなっています。一方，交換不可能文では記銘語と連想語が入れ替わると意味が通らなくなる（交換不可能である）ので，記銘語に対する意味的限定性は強いといえます。記銘語の再生率は，交換不可能文が交換可能文よりも高かったのです。これは，付加された情報の意味的限定性という質の違いが記憶成績に影響していることを示しています。

　では，参加者に精緻化文にあたる情報を生成させるとどうなるのでしょうか。プレスリーら（Pressley et al., 1987）は，基本文（「空腹

の男が車に乗った」）に対して，（「何故，その男がそんなことをしたの
か？」）という質問に対する答え（たとえば，「レストランへ行くため」）
を生成させる条件（自己生成条件）と，あらかじめ実験者によってそ
の質問に対する答えが提供される条件（実験者提示条件）との間で記
憶成績を比較しました。その結果，自己生成条件のほうが実験者提示
条件よりも記憶成績がよかったのです。なぜ，参加者自身が独自の情
報を生成する条件のほうが記憶成績がよいのでしょうか。実験参加者
は大学生であり，知識構造にかなりの個人差があります。それゆえ，実
験者によって提示された情報がすべての参加者にとって必ずしも理解
しやすい適切精緻化情報であるとは限らないのです。一方，質問に
よって自己生成された情報は参加者の個々の知識構造に基づく情報
ですので，客観的なその情報の適切性は別にして参加者自身にとっては
理解されやすい適切な精緻化情報となっているのです。

　さらに，精緻化文にあたる情報を選択させることで効果があること
も示されています。豊田と高岡（2001）では，上述の質問に対する答
の選択肢（たとえば，「レストランへ行くために」と「マクドナルドへ
いくため」）から正しいと思う方を選択させる条件（自己選択条件）を
設けました。その結果，この自己選択条件は，先に述べた自己生成条
件と同じくらい再生率が高かったのです。

　先に紹介してきた実験とは手続きが異なりますが，参加者が自分で
覚えるべき情報を選択することによる記憶の促進効果は数多く報告さ
れています。たとえば，トヨタ（Toyota, 2013）は，単語対（たとえ
ば，幸福－並木）を提示して，参加者により快な（あるいは不快な）
過去の出来事を連想する方を選択して覚えるように求める自己選択条
件と，単語対の一方に下線が引いてあり，その下線が引いてある単語
から連想される過去の出来事（快あるいは不快）を考えながら覚える
ように求める強制選択条件で，記憶成績を比較しました。その結果，
全体として，自己選択条件が強制選択条件よりも再生率が高くなりま
した。これは，自己選択効果（self-choice effect）とよばれる現象で
よく知られています（高橋, 1989）。また，情動（感情）処理能力（情
動知能尺度（Toyota et al., 2007）によって測定）の高い者が低い者
よりも自己選択効果（自己選択条件と強制選択条件の記憶成績の差）
が大きかったのです。これは，過去の出来事に関する情動（快，不快

感情）を処理する個人差が反映されたものです。このように，符号化の際には，付加される情報の質，処理の仕方および個人差によって，記憶成績が違ってくることが明らかになっています。

2. 検索

符号化によって，情報が貯蔵され，その情報を必要なときに思い出すことができることは，重要です。情報を思い出すことが検索です。しかし，「ど忘れ」という現象はよく知られています。このような現象をみると，頭の中に符号化され，貯蔵されていることと，検索することとは関連はするものの，お互い独立している記憶の仕組みであると考えられるのです。

(1) 再認失敗

2節で紹介した，符号化特定性原理は，覚える際の状況（符号化文脈）と思い出す際の状況（検索文脈）との一致の程度が大きいほど記憶成績はよくなるというものでした。この原理に関連して，再生が可能であるにもかかわらず，再認ができないという現象が見出されています。この現象は，再認失敗（recognition failure）とよばれていますが，これを見出した実験手続きは，3つの段階からなっています。第1段階では，参加者は，記銘語と手がかり語がともに提示され，記銘語を覚えるように求められます。第2段階では，第1段階で提示された記銘語と手がかり語ではないそれ以外の語が混在して提示され，それが「あった」か「なかった」かの再認判断を求められます。そして，最後の第3段階では，第1段階で提示された手がかり語が再度提示され，その手がかりとともに提示されていた記銘語を思い出すように求められるのです（前沢・賀集，1988）。タルヴィングとトムソンの実験では複雑な手続きが入っていますが，結果は，記銘語の再認率が24％であったのに対し，手がかり再生率は63％でした。ワトキンス（Watkins, 1974）も，参加者に刺激語（例 EXPLO）と反応語（例 RE）の対を覚えさせました。彼の用いた刺激語と反応語は合わせると意味のある語になるような無意味語です。刺激語に注意を払わせながら，これらの対を学習させ，その後，反応語のみについて再認を求めましたが，その再認率は9％でした。しかし，再認の後，今度は刺激語を

手がかりとして反応語を再生させた場合には，その再生率は67％でした。この結果は，参加者は，反応語を覚える際に刺激語に注意を払って刺激語と反応語を一緒に符号化したために，反応語のみを提示されると，異なる情報として認識されたためと考えられます。このような再認の失敗が生じるのは，記銘語を覚えるときの文脈には手がかり語がありますが，再認時の文脈にはそれが存在しないことが原因です。符号化するときと再認するときの文脈が違っているのです。言い換えれば，符号化時の手がかりがうまく利用できれば，検索はうまくいくということです。

（2）検索手がかりの利用

　もし，検索する能力に個人差があるとすると，その個人差は，符号化時の手がかりを検索時に利用できる能力の違いと考えることができます。豊田（Toyota, 2011）は，記銘語を覚えなさいという教示はせずに，ただ単に1つずつの記銘語から連想する過去の出来事についてその印象（快～不快）を評定させました。そして，その後，思い出す記銘語を参加者に報告させたのです。情動（感情）を処理する能力の高い者と低い者に分けて，記憶成績が分析されました。その結果，情動を処理する能力の高い者も低い者も，快や不快な強い感情を喚起する過去の出来事を想起した場合にそれに対応する記銘語の再生率には差がありませんでした。しかし，快や不快な強い感情ではなく，中立的な弱い感情しか喚起しない出来事を想起した場合は，情動処理能力の高い者が低い者よりも記憶成績がよかったのです。これは，情動処理能力の高い者は，弱い情動しか喚起しない出来事でもその情動処理能力を利用して，手がかりとして利用可能なものとして符号化できていたということです。そして，その符号化できていた情動を検索手がかりとして効果的に利用したのです。

　このように，符号化時にどのような手がかりがつくられ，検索時のその手がかりがどのように利用されるかという視点から，記憶の促進を考えていくことが効果的な記憶方法の発見につながるのでしょう。

　学習は，その研究の始まりにおいて，経験を通して生じる行動の変化と定義されました。やがて人を情報処理装置と見立てる認知心理学が興ると，経験や観察を通して知識を獲得し，それらを記憶に留めることが学習の本質であると考えられるようになりました。それでは，今日の学習心理学において，経験を通して生じる行動の変化はどのように説明されるのでしょうか。知識の獲得と行動の変化とを結ぶものの1つとして，この章ではメタ認知，すなわち獲得された知識による行動制御のメカニズムについて紹介します。

1節　知識による行動の制御のメカニズム

1．メタ認知

　知識の獲得と行動の変化とは決して別物ではありません。私たちは自ら経験したり，他者を観察したりして，たとえば，「教室で発言したいときには手を挙げる」といった教室での振る舞い方の知識を獲得します。獲得された知識は記憶に保持され，必要になったときにそれらの知識をもとに行動が生じるとされています。すなわち，新しい行動の獲得や既存の行動の変化は，それを制御する知識の獲得や変化によって説明されるのです。しかし，実際に行動を制御するためには，たとえば，自転車の乗り方や方程式の解き方を知っているということだ

けでは十分ではありません。やり方を知っているばかりでなく，それによって行動を制御する仕組みが必要になります。このような心の働きは，メタ認知とよばれます (Flavell et al., 1966; Flavell, 1979)。お母さんから料理を教わる子どもを例に，メタ認知について説明してみましょう。

　台所でお母さんと一緒にカレーを作っている子どもの様子を思い浮かべてください。お母さんからカレーの作り方を聞いたとしても，最初から1人だけでうまくできるものではありません。お母さんは，人参を刻む子どもの手元や肉を炒めるフライパンの火加減に注意を払い，要所要所で子どもに適切な指示を出します。子どもはお母さんの指示に従って，慎重に包丁の刃先を動かしたり，火加減を調節したりします。お母さんは「上手に切れたね」とか，「そのくらい火が通ればいいよ」などと子どものやり方を評価し，励まします。こうしてお母さんの力を借りて料理を作り上げた子どもは，「人参を刻むときは，まな板に人参を置き，片手でしっかりと押さえる。包丁は，押さえた指の近くの位置で動かす。その時，包丁の刃先の動きによく注意する」，「肉を炒めるときは，火加減に注意し，焦がし過ぎないようにする」といった実際の行動の制御に必要な知識を蓄えていきます。やがて，子どもは，お母さんの果たしていた役割を内面化し，自分一人で料理の手順を考えたり，包丁の刃先の動きに注意したり，フライパンの火加減を調節できるようになります。このような，対象に働きかけ（たとえば，包丁で野菜を切る），働きかけの結果がどのようであるかをモニターし（うまく切れているかどうかを確認する），それに基づいて自分の行動の有効性を判断したり修正したりする（うまく切れていないならば切り方を工夫する）という行動の制御の仕組みがメタ認知です。

2. フィードバックによる制御

　さて，お母さんと子どもの例で話を続けましょう。子どもが人参を刻むときの例です。子どもは，人参を押さえながら包丁をまな板に直角になるようにして下向きに力を加えました。しかし，硬い人参はうまく切れませんでした。子どもの手元を見ていたお母さんは，「包丁を少し前に押すように力をいれてみたらどう？」と指示を出します。子どもは，下向きに力を加えながら包丁を少し前に押してみました。す

ると今度は，楽に切ることができました。この例のように，対象に対して何らかの操作を加えるときに，操作の結果を確認，評価し，操作を修正するような制御の仕方はフィードバック制御とよばれます。このような制御の研究は，サイバネティクスとよばれる制御システムの研究（Wiener, 1948）に端を発しています。

　サイバネティクスとは，下位のシステム（被制御システム）を制御する上位のシステム（制御システム）の働きのことで，その語源はギリシャ語の「船の舵を操る人」を意味するキベルネテス（Κυβερνήτης）です。サイバネティクスは，図4-1のような図式で表されます。制御システムは，検出器によって被制御システムと結びついています。検出器によって被制御システムの何らかの特性値が検出され（モニター），制御量として制御機構に与えられます（フィードバック）。制御システムに備えられた制御機構は，この量とあらかじめ決定されている「基準量」とを比較します。その結果に応じて「操作量」を被制御システムの操作受容部に伝達します（コントロール）。操作受容部はそれに応じて，検出された制御量と基準量との差を無くすような変化を被制御システムに生じさせる，というものです（Rombach, 1971）。

　上記の母子の料理の場面に戻って，サイバネティクスによる制御を説明してみましょう。まず，被制御システムは人参を刻む子どもの行為に，制御システムは子どもの手元に注意を払い，切り方を指示するお母さんの役割に対応づけることができるでしょう。お母さんは，

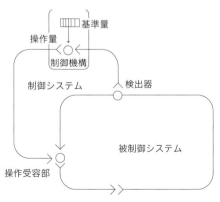

▲図4-1　サイバネティクス：フィードバックによる制御（Rombach, 1971）

第4章　メタ認知：知識による行動の制御　　55

子どもの手元をモニターしています。お母さんの制御機構には、うまく切れたときの力の入れ方や人参の形がイメージされており、それらと子どもの切り方や切り出した人参の形とを比較し、評価します。力を加える角度が悪いのでうまく切れていないと判断したお母さんは、包丁を押す角度を指示します（コントロール）。子どもは、指示に従い切り方を変化させます。お母さんは、与えた指示によって上手に切れるようになったかどうかをモニターします。この手順を繰り返すことで、お母さんがイメージしているような形に人参を刻むことができるようになる、というのがサイバネティクスという考え方によって研究されたフィードバック制御の仕組みです。

3. TOTE ユニット

このサイバネティクスの考え方を心理学に導入したものが、ミラーら（Miller et al., 1960）の TOTE ユニット（TOTE unit）とよばれる行動制御の基本単位です。TOTE とは、テストする－操作する－テストする－抜け出す（Test-Operation-Test-Exit）という操作の頭文字で、基本的な仕組みは図 4-2 のように表されます。

ミラーらは TOTE ユニットの動きを、クギを打つという行動を例に説明しています。板にクギを打ち込む場合、まずクギの状態を調べます。クギの頭が板の平面まで達しているかどうかをテストし、その結果が一致しない場合は（不適合）、カナヅチでクギの頭を打つという操作が加えられます。その操作の結果をテストし、クギの頭が板の平面まで達していれば（適合）、このループから抜け出します。テストの結果が不適合であれば、適合するまで操作が繰り返されます。この例のように TOTE ユニットは、サイバネティクスと同様にフィードバッ

▲図 4-2　TOTE ユニットの基本的な仕組み
(Miller et al., 1960)

ク制御によってクギを打つという行動を制御します。テストはモニター，操作はコントロールと呼び替えることができるでしょう。

4. プラン

　ところで，サイバネティックスは，基準量というゴールに向けて，被制御システムを変化させていく制御システムです。この理論は，もともと機械などを自動的に制御するためのものであり，制御を行う人がゴールを決め，基準量としてそれを外部から制御システムに与えることによって制御が行われる仕組みであると考えられます。しかし，人は何かを自発的に行うとき，その行動のゴールを自分自身で決めなければなりません。自分自身で目標を決め，その達成を評価するための基準量を定め，その基準量に達するためのコントロールやモニターをいつどのように行うかを計画する必要があります。そのような，行動の計画をミラーらはプラン（plan）とよんでいます。

　ミラーらは，プランについて，「プランは，生活体において一連の操作を実行する順序をコントロールする階層的な過程である。生活体にとってのプランはコンピュータにとってのプログラムと本質的に同じである」（Miller et al., 1960, p. 16），と述べています。実際のところ，クギを打つという単純な行為であっても，その行為を構成しているもっと基本的な行動に分解することができます。クギの状態を確認する行動，カナヅチを振り上げ，振り下ろすという行動などです。人は，それらを階層的に構造化し，適当な順序で実行しているというのがミラーらの考えたことです（図 4-3）。図 4-3 は，カナヅチでクギを打つという行動のプランの階層性を説明するものです。板にクギを打とうとするときには，まずクギの頭が板の平面まで達しているかどうかをテストし，頭がまだ出ているならば，カナヅチで打つという操作を行うよう指示します。カナヅチで打つという操作は，カナヅチが振り上げられているかどうかをテストし，振り下ろされた状態にあるならば振り上げるという TOTE ユニットと，振り上げられた状態にあるかどうかをテストし，振り上げられた状態にあるならば振り下ろすという TOTE ユニットという 2 つの下位の TOTE ユニットによって構成されています。カナヅチでクギを打ったら，再びクギの頭が板の平面まで達しているかどうかをテストし，クギの頭が板の平面まで達し

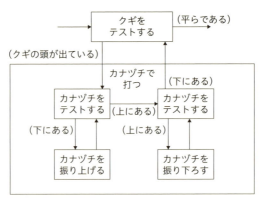

▲図 4-3　クギ打ちのプランの階層的構造（Miller et al., 1960）

ているならば，このループから抜け出します。このミラーらの TOTE ユニットやプランの考え方は，次に説明するメタ認知という心の働きの先駆的な研究であったといえるでしょう。

2節　メタ認知の仕組み

1. 記憶課題の遂行過程におけるメタ認知的な制御

　メタ認知とは，行動や認知の過程を意図的に制御する心の働きとして，フラヴェルによって提唱された理論です（Flavell et al., 1966）。「メタ」とは，「上位のもの」を意味する言葉ですので，メタ認知とは認知過程を制御する上位の心の働きという意味です。フラヴェルらの実験では，絵カードを覚えるよう求められた5歳，7歳，10歳の子どもの自発的な言語活動が観察され，覚えるものに名前をつける記銘方略（命名）や覚えるべきことを口で繰り返し唱える記銘方略（リハーサル）の自発的な使用の発達変化が研究されました（Flavell et al., 1966）。実験では，7枚の絵カードを子どもの前に輪になるように並べ，そのうちの3枚を並んでいた順番で思い出す課題であることを理解させた後，絵カードが見えないように目隠しをしました。そして，15秒間の保持時間中にどのような記銘方略を用いるか，子どもの口元の動きを観察しました。その結果，5歳児では20名の実験参加児のうちの2名だけが命名やリハーサルを行ったのに対し，年齢が上がるに

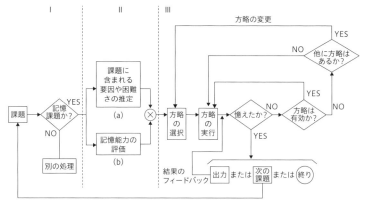

▲図 4-4　記憶課題の遂行のメタ認知制御（菱谷・山田，1982）

つれて方略を用いる子どもが増え，10 歳児では 17 名が方略を使用しました。この実験は，覚えることを求められていることは理解できていても，課題にふさわしい記銘方略を自発的に使用しない発達の段階があることを示しています。

　フラヴェルは，この実験の例のように，記憶課題の遂行における意図的な制御の発達を研究しました。そのため，フラヴェルの研究はメタ記憶の発達研究とよばれています。フラヴェルの研究で見出された記憶課題の遂行の制御について，図 4-4 の流れ図（菱谷・山田，1982）を用いて見ていきましょう。

　図 4-4 の課題遂行の流れ図は，大きく 3 つの段階に区分されています（Kail, 1979）。Ⅰの段階は課題状況が何を求めているかを判断する段階で，記憶課題かどうか，すなわち覚えることを求められているのかどうかを判断する課題理解の段階です。Ⅱの段階は，この状況で求められていることが自分にとってどれほど難しいのか易しいのかについて，覚えるべき事柄の特性や自分の記憶能力をモニターして評価する段階です。Ⅲの段階は，課題の難しさの評価に基づいて課題にふさわしい記銘方略を選択する段階と，それを実行する段階で構成されます。Ⅰの段階からⅢの段階の記銘方略の選択までが，課題遂行のプランを形成する段階といえるでしょう。Ⅲの段階では，選択された方略が実行に移されます。そして，その結果をモニターし，不十分であれば方略の実行を繰り返します。十分に覚えたと判断されると課題は終

了です。また，選択された記銘方略を繰り返しても覚えられないと判断されると，他の方略を選び直し，改めて方略の実行と結果のモニターが行われます。Ⅲの段階における方略の実行は，ちょうど TOTE ユニットの動きと同じように，方略の実行（操作）と，「覚えたか？」「方略は有効か？」という方略の有効性のモニター（テスト）とを繰り返すことによって遂行されます。

図4-4 の流れ図を用いて，上述のフラヴェルら（Flavell et al., 1966）の実験で見出された発達変化を見てみましょう。実験では，実験者の説明によってすべての参加児で課題理解がなされたことを確認しています。つまり，5歳児もⅠの段階を通過していたことになります。しかし，ほとんどの5歳児が自発的に記銘方略を使用しなかったことから，5歳児ではまだⅡからⅢの段階，すなわち自発的に課題の難易度を査定して課題にふさわしい方略を選び，実行することができない発達段階にあると考えられます。それに対し10歳くらいになると，Ⅰ〜Ⅲの段階を自発的に遂行できる，すなわち課題が記憶することを求められていると理解できると，自発的に難易度を査定しそれに基づいて課題遂行にふさわしい方略を選択し実行できる発達段階に達していると考えられます。

2. メタ認知の構成要素

メタ認知の視点からは，記憶課題に限らず，それまでできなかったことができるようになる，何かをうまくできるようになるということは特定の課題に関して図4-4 の流れ図に示したような心の働きが形成されることと考えられます。

次に，メタ認知という心の働きがどのようなものに支えられているのかを見てみましょう。

記憶課題を適切に遂行するためには，図4-4 に示されたように，まず課題が求めていることを理解する必要があります。そのうえで，自分自身で目標を設定し，その目標を達成するための方略を選択し，適切に実行することが必要です。このように課題を遂行する過程を制御する心の働きがメタ認知です。では，メタ認知が働くために人は何ができ，何を知っている必要があるのでしょうか。

フラヴェルは，メタ認知が働くために必要なメタ認知の構成要素を

示しています (Flavell, 1979)。メタ認知の構成要素は，制御に関わる働きであるコントロールやモニターとそれに関わる知識に分けられ，フラヴェルは前者をメタ認知的経験（メタ認知的活動ともよばれます），後者をメタ認知的知識とよんで区別しました。つまり，私たちは知識によってモニターやコントロールを行っていると考えたのです。メタ認知的知識には課題が求めることを理解したり課題の難易度を評価したりすることに関わる知識や，何をモニターするか，どのように覚えるかというモニタリングやコントロールの方略に関わる知識が含まれます。それらの知識は，他の知識と同様に長期記憶に保持されているとフラヴェルは述べています。

図4-5に示したように，メタ認知的知識は3つのカテゴリーに区分されています。1つ目のカテゴリーは人に関する知識で，自分自身や他の人の認知処理についての知識です。人に関する知識にはさらに3つの下位分類があります。下位分類の1つは個人内の差異に関する知識で，たとえば「私は読むよりも聞くほうがたくさん覚えられる」といったものです。2つ目は，個人間の差異に関する知識であり，たとえば「兄は，私よりもたくさん覚えることができる」といったものです。そしてもう1つは人に関する一般的な知識で，たとえば「人が一度に覚えることができる量には限りがある」といったものです。

2つ目のカテゴリーは課題に関する知識であり，2つの下位分類が設けられています。1つは，課題の遂行の仕方や難易度の判断などに関わるもので，覚えるべき事柄になじみがあるかどうかや，情報がよく整理されているかバラバラかといったことに関する情報です。もう1つは，課題の求めていることや遂行のゴールに関する知識です。た

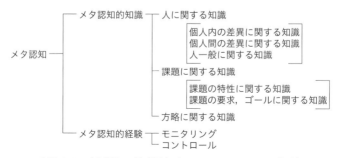

▲図4-5　メタ認知の構成要素 (Flavell, 1979をもとに作成)

とえば，幼児は，課題を適切にこなすために，物語の粗筋を覚えることのほうが丸暗記するよりも易しいといった知識を獲得する必要があると述べています。3つ目のカテゴリーは方略に関する知識です。たとえば，よりよく覚えるには大事な事柄には注意を払い，それらを口頭で繰り返し唱えることだ，というように，課題の要求やそれに含まれる下位の目的をうまくこなすための方法に関する知識です。

　フラヴェルは，メタ認知が働くうえで大事なこととして，メタ認知的知識が互いに関連づけられて使用されるということを強調しています。たとえば，「あなたは（あなたの兄とは異なり，まだ覚えることは得意ではない），課題X（課題Yよりも難しい）の遂行において，方略A（方略Bよりもこの課題に適している）を用いるべきである」(Flavell, 1979, p. 907) というように3つのカテゴリーの知識を関連づけて利用できる必要があるということです。言い換えると，メタ認知的知識を相互に関連づけてプランを形成することが知識による行動の制御において重要であることを示していると考えられます。

3. プランの形成と条件的知識

　メタ認知的知識は相互に関連づけられることが必要であるという点に注目したのが，スクロウの条件的知識です（Schraw, 1998）。スクロウは，フラヴェルのメタ認知的知識の区分に加えて，それらの知識をいつ，どのような状況で何のために使うのかに関する知識，すなわち条件的知識を提案しました。たとえば，覚え方の方略をいくつも知っていたとしても，課題が覚えることを求めていると気づかなければ，それを使って覚えようとはしません。方略を使って覚えようと思っても課題の難易度を適切に判断できなければ，課題に適当な方略を選ぶことができません。スクロウは，文章読解の課題を例として，方略を「いつ」「なんのために」使うのかという観点から，条件的知識をまとめています（表4-1）。

　表4-1によれば，たとえば，「長い文章の読解において，まず文章の概要を理解したいならば，読み始める前に，見出しや強調された語句を拾い出して読む」というプランを形成することができます。このような条件的知識を利用するうえで，表4-2のチェックリストが有効となります。表4-2は，プランニング段階における条件的知識に基づ

▼表 4-1　文章読解を例としたメタ認知的知識（Schraw, 1998）

方略	どのように使うか	いつ使うか	何のために使うか
ざっと目を通す	見出しや強調された語句，要約やまとめを探す	長い文章を読み始める前に	文章の概観をつかみ，何に注意して読むかを決めるのに役立つ
読み速度を落とす	読みを止め，読み返し，書かれている情報について考える	重要な情報が書かれていると思えたとき	注意を集中する
すでに知っている知識を活性化する	立ち止まって，自分がもっている関連知識について考える 自分が知らないことは何かを確認する	読み始める前に，あるいはなじみのない内容のとき	目新しい情報を学習したり，思い出したりしやすくする
情報を統合する	主要なアイディアを関連づける それらの情報をテーマや結論を理解するのに用いる	複雑なことがらを学ぶときや深く理解することが求められるとき	記憶の負担を下げる 深い水準の理解を促す
図式化する	何が主要なアイディアかを特定し，それらを関連づける 主要なアイディアを支える細部の情報を列記し，それらを主要なアイディアと関連づける	相互に関連する事実情報がたくさん述べられているとき	何が主要なアイディアかを見出し，情報を分類整理するのを助ける 記憶の負担を下げる

▼表 4-2　プランニング段階のチェックリスト
（Schraw, 1998）

1. この課題が求めていることは何か。
2. 私は何をすればよいか。
3. 課題遂行のために，どのような種類の情報や方略が必要か。
4. 課題遂行のために，どれくらいの時間と資源が必要か。

第 4 章　メタ認知：知識による行動の制御　　63

くモニタリングの観点を示したものです（Schraw, 1998）。課題が求めることを理解し，それに応じた目標を設定して，目標達成のための方略を選定するというチェック項目の内容は，図4-4の流れ図の第Ⅰ，Ⅱ段階に対応するものといえるでしょう。表4-1や表4-2のような知識をもとに，たとえば，長い文章を読み慣れた学習者ならば，文章を読み始める前に，「文章の概観をつかみ，何に注意して読むかを決める」という目標を設定し，そのために「文章にざっと目を通す」という方略を使うことでしょう。実際に行うことは，「見出しや強調された語句を拾い出して読む」ことです。このように条件的知識がともなうことによって，私たちは主体的にプランを形成して，適切に課題に取り組むことができるようになると考えられます。

4．メタ認知による制御の獲得

　メタ認知は，プランの形成や，課題遂行の過程のモニタリング，コントロールによって意図的に行動を制御する仕組みです。子どもたちは，どのような過程を経てそれらができるようになるのでしょうか。先に述べたフラヴェルの実験では，絵カードを覚えるよう求められた5歳児のほとんどが命名やリハーサルという記銘方略を使用しなかったのに対し，年齢が上がるにつれて方略を用いる子どもが徐々に増え，10歳になるとほとんどの子どもが自発的に記銘方略を使用しました（Flavell et al., 1966）。フラヴェルはこのような実験結果に基づいて，メタ認知の発達は，方略をまだ身につけていない段階（フラヴェルの言葉では，媒介欠如：mediational deficiency といいます）から，方略を知っていてもそれを自発的に使用できないが促されれば利用できる段階（所産欠如：production deficiency），自発的に使用するようになったがまだ上手に使いこなせない段階（利用欠如：utilization deficiency），そして，適切に方略を使用できる段階へと変化することを見出しました（Flavell, 1979）。

　フラヴェルの研究は，幼児期から児童期にかけての長期間にわたる発達的な変化を扱っています。それに対し，学習心理学は，訓練によるスキルの獲得や学校での学習のように比較的短期間の学習を対象とします。しかし，短期間の学習であっても，同様の段階的な変化が生じていると考えられるでしょう。

3節　メタ認知の指導

1. 形成すべき学力とメタ認知の関係

　最後に，学校教育における学習指導について考えてみましょう。メタ認知の観点から学習をとらえると，何かをできるようになるという新たな行動の獲得，上手にできるようになるといった行動の熟達化は，メタ認知的知識の獲得やメタ認知による制御が巧妙になること，と言い換えることができます。

　国語の読解指導を例に考えてみましょう。表4-1で示したメタ認知的知識の表は，教師が，子どもの読み方をモニターする際の観点の表となるでしょう。子どもたちが，文章の読解の方略を適切に使用できているかどうかを評価し，不十分な子どもには方略自体やその使い方を指導することが読み方の指導となると考えられます。たとえば，いきなり読み始めてしまう子どもには，はじめにざっと文章を見回してみて，見出しや強調されている語句に注意をするとよいということを教えます。適切な方略を知らない子どもへの指導です。子どもたちは，最初のうちはどうしてそうするのか理解できず，先生に言われるままに見出しを拾い出したり，キーワードを探したりするかもしれません。教わった方略を自発的に使うことができない段階です。子どもたちは，見出しを拾い出したり，キーワードを探したりしてあらかじめ概観をつかむことによって文章が理解しやすくなるといった方略を用いた読みの成果を確かめます。やがて，その方略をいつ何のために使えばよいかといった条件的知識が備わってくると，その方略を自発的に，うまく使いこなせるようになっていくと考えられます。

2. メタ認知能力の指導方法

　学習指導の観点から，メタ認知の能力を育成することを直接の目的とした指導方法も提案されています。メタ認知が働いてうまく課題をこなすことができるためには，この章の冒頭の例で示したように，お母さんが肩代わりしていたメタ認知の役割を子ども自身が心の中で演じることができるようになる必要があります。学習指導では，場面や課題に応じたモニターやコントロールを子ども自身で自発的に行うよう促していく指導が必要となります。

学校において，料理を教えるお母さんの役割を担うのは教師です。教師は，学習目標を定め，子どもたちをモニターし，学び方をコントロールします。この教師の果たしている役割を子ども自身で担うことができるように体系的に指導する方法として研究されているのが，パリンサーとブラウンの相互教授法（reciprocal teaching；互恵的教授法とも訳されます）です（Palincsar & Brown, 1984）。相互教授法は，もともと文章理解の指導法として開発されました。要約や不明確な部分の明確化といった文章理解の過程を生徒が互いに教師役と生徒役を交代しながら教え合うという方法です。先生の視点に立って相手の生徒の学習状況をモニターしたり，それを踏まえて適切な読み方を指導したりすることを通してメタ認知の能力を高めることや，先生ならどのような読み方をするかと考えることを通して熟達した読み手である教師のメタ認知的知識を内面化することなどを目指すものです。この方法は，文章理解に限らず，さまざまな教科のメタ認知の能力の育成に応用することができます。

3. 自己調整的な学習者の育成とメタ認知

今日の学校教育では，自分で課題を見つけ，自ら学び，主体的に判断し，行動し，よりよく問題を解決する資質や能力，いわゆる生きる力の育成が目標に掲げられています。学習とは，そもそも外界の変化に適応していく手段として人間に備わったものです。そして，今日の社会はこれまでに私たちが経験してきたどの時代よりも変化が激しくなっています。そのために，学校教育においては，これまでに蓄積された知識や技術を覚えることばかりでなく，変化の激しい時代に適応していくための学習能力の獲得，すなわちメタ認知による学習過程の自己制御の能力の育成自体が教育目標とされていると考えられます。

学習者が自分自身で学習行動のプランを立てる予見の段階，プランに沿って学習行動を遂行する段階，さらに自己省察によって学習過程を振り返りプランを改善する段階，このような3つの段階の循環によって自発的，主体的に学習活動に取り組む過程をとらえるものとして自己調整学習（self-regulated learning）という考え方があります（Zimmerman, 1998）。予見の段階では，自分で学習の目標を定め，その目標を達成するためのプランを立てます。遂行の段階では自らの

学習行動をモニターし，それに基づくコントロールを行います。自己
省察の段階では，遂行を振り返って評価し，当初の目標やプランを修
正したり，次の目標を設定したりします。メタ認知は，予見の段階に
おけるプランニング，遂行段階における学習行動のモニターとコント
ロール，自己省察の段階におけるオフラインのモニターとプランの修
正などに関わっています。このような循環のモデルでとらえられる自
己調整的な学習者像は，今日の学校教育で育成すべき資質や能力を具
体的に示すものといえるでしょう。

第5章

学習意欲の研究とその応用

活かせる分野

　本章では，これまでの学習意欲に関する研究成果と，その成果に基づく（自律的な）学習意欲の育て方，さらには現場の先生の声や教育実践について紹介します。具体的には，1節では「学習意欲のとらえ方」として，最新の学習意欲の研究成果をまとめます。学習意欲を「自律的な学習意欲」と「他律的な学習意欲」に分類し，教育上特に重要とされる自律的な学習意欲の特徴や発現のプロセスについて紹介します。2節では「学習意欲の測定法：学習理由と有能感ではかる」として，教育効果の測定に有効と考えられる，学習意欲の測定法（質問紙法）についてまとめます。3節では「自律的な学習意欲の育て方」として，これまでの研究成果から特に有益と思われる自律的な学習意欲の育て方について，発達の観点と，報酬と評価の観点から簡潔にまとめます。最後に，現場の声1では定時制高校の先生の声を，現場の声2では小学校での学習意欲を高める教育実践を紹介します。

1節　学習意欲のとらえ方

　1節では学習意欲とは何か，学習意欲の分類，自律的な学習意欲の特徴，そして自律的な学習意欲が発現するプロセスについて説明します。

1. 学習意欲とは

　広辞苑によれば，意欲は「積極的に何かをしようと思う気持ち」と説明されています。これに従えば，学習意欲は「積極的に学習をしようと思う気持ち」ということになります。一般的にはこうした理解で問題はないと思われますが，本章で使用する学習意欲という用語では，積極的ではなく消極的に学習をしようと思う気持ち，より具体的にいえば，学ばなければいけないから（仕方なく）学ぼうと思う気持ち，も含むことにします。というのは後述しますが，学習意欲のひとつである他律的な学習意欲（簡単にいえば，他者に指示されて仕方なく学ぶような意欲）には，こうした気持ちが多く含まれるからです。

　ところで，心理学の学問分野では，意欲という一般用語ではなく，動機 (motive) という専門用語を使います。動機は意欲にとても近い概念なので，学習意欲は学習動機と言い換えることもできます。ただ，本章では一般的によく使われる学習意欲という用語を使います。動機やこれに関連する用語（動機づけ，目標，欲求，動因，誘因など）の詳しい説明については，桜井（1997），櫻井（2009，2014）や鹿毛（2013）を参照してください。

2. 学習意欲の分類

　学習意欲は，「自律的な学習意欲（自ら学ぶ意欲）」と「他律的な学習意欲」に分けられます（図 5-1 参照）。もちろん，学習意欲が生じないような状況は「無気力」として分類されますが，ここでは，積極的であろうが，消極的であろうが，学ぼうと思う気持ちがある状況（学習意欲）を考えていきます。

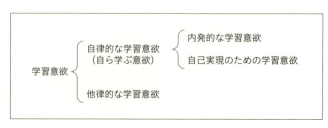

▲図 5-1　学習意欲の分類

（1）自律的な学習意欲と他律的な学習意欲

　自律的な（autonomous）学習意欲は自発的に学ぼうとする意欲で，2種類の意欲で構成されます（図5-1参照）。1つは，知的好奇心（curiosity），いわゆる興味・関心に基づいて，おもしろいから学ぼうとする意欲であり，伝統的には「内発的な（intrinsic）学習意欲」とよばれます。もう1つは，人生（将来）の目標を達成するために，"意識的に"学ぼうとする意欲であり，こちらは「自己実現（self-actualization）のための学習意欲」とよばれます。自己実現のための学習意欲は，内発的な学習意欲に比べると，より"意識的に"学ぼうとする意欲であり，人生（将来）目標の達成に向けて一生懸命に努力する意欲といえます。これに対して，内発的な学習意欲は，珍しいことや未知のことに興味・関心をもち，それを解明しようとする知的好奇心という欲求（意欲の源）を基盤にしているため，どちらかといえば"非意識的に（意識することなく）"おもしろく学んでしまう意欲といえます。

　もう1つの学習意欲は，他律的な（controlled）学習意欲ですが，これは他者からの指示やプレッシャーによって，そして多くの場合は仕方なく学ぼうとする意欲です。ここでは他律的な学習意欲と表現していますが，統制的な学習意欲と表現される場合もあります。ただ，英語のcontrolledという単語を「統制的」と訳すのは誤りで，統制という言葉を用いて訳すのであれば被統制的（統制された）とするのが適切であると思われます。筆者は，自律的という表現との対応関係を重視し，他律的という表現を採用しています。

（2）外発的な学習意欲

　従来の心理学では「外発的（extrinsic）動機（づけ）」という用語もよく用いられてきました。本章に対応させていえば，外発的な学習意欲ということになりますが，これは内発的な学習意欲と対にして用いられます。内発的な学習意欲が，学習それ自体の達成を目標にしている意欲であるのに対して，外発的な学習意欲は，学習それ自体の達成は手段であり，その他のことを一義的な目標にしている意欲といえます。

　少々ややこしいので，例をあげて説明しましょう。学習それ自体が

おもしろくて学習に従事している場合は，おそらく内発的な学習意欲で学習しているといえるでしょう。一方，あこがれの高校に合格するため，あるいは母親の「勉強しなさい」という言葉に反応して（母親に叱られないために）学習をしている場合は，外発的な学習意欲で学習しているといえるでしょう。

　本章では外発的な学習意欲という表現を使っていませんが，自己実現のための学習意欲と他律的な学習意欲は外発的な学習意欲に含まれます。これまで，教育的には外発的な学習意欲は好ましくないものとして扱われることが多かったように思います。そうした風潮を払拭するために，ここでは敢えて外発的な学習意欲という表現を使用しませんでした。特に，外発的な学習意欲に含まれる自己実現のための学習意欲は，子どもたちが将来を展望し，現在の学習活動を充実したものにしていくときにとても重要な学習意欲であり，他律的な学習意欲とは独立して取り上げるべき学習意欲であると考えています。

（3）特性としての学習意欲と状態としての学習意欲

　図5-1の学習意欲の分類は，「特性（trait）としての学習意欲」の分類であり，同時に「状態（state）としての学習意欲」の分類でもあります。たとえば，AさんはBさんよりも学習全般に対して内発的な学習意欲が高い，というように個人間の学習意欲の差を扱っている場合は，特性（この場合は個人間差）としての学習意欲を問題にしていることになります。

　一方，Aさんは昨日の数学の授業では内発的な学習意欲が旺盛であったが，今日の数学の授業では教師の指示に従うだけの消極的な学習意欲しか示さなかった，というように個人において時間の経過とともに変化する学習意欲を扱っている場合は，状態としての学習意欲を問題にしていることになります。

　なお，Bさんは英語は内発的に学べるが，数学は周囲からのプレッシャーがないと学べないというように，個人の中でも教科や領域によって学習意欲に違いがみられます。このような場合の学習意欲は，特性としての学習意欲ではありますが，個人内差としての学習意欲と考えられています。

3．自律的な学習意欲の特徴

　自律的な学習意欲には2つの大きな特徴があります。1つは，発達的な特徴であり，もう1つは，文字通り自律的な学習意欲で学ぶがゆえに生じる自律的な特徴です。

（1）発達的な特徴

　自律的な学習意欲の1つである内発的な学習意欲は，幼少のころ（乳幼児期）から活発に働きますが，もう1つの自己実現のための学習意欲は小学校高学年のころ（児童期後期あるいは思春期）から徐々に働くようになります。その理由は，内発的な学習意欲は知的好奇心を基盤とするため，知的好奇心が旺盛である乳幼児期から働きます。一方，自己実現のための学習意欲は，小学校高学年になり，第二次性徴の発現等により自分に興味・関心をもつようになり，大人とほぼ同じような段階にまで発達した思考能力で自分を分析し，そして一定の自己理解に基づいて将来のことが展望できる（すなわち，大まかな人生（将来）目標がもてる）ようになってはじめて働くようになります。

　特に乳幼児期や児童期のはじめに，内発的な学習意欲によって活発に学ぶことによって，自分の個性としての興味や関心が明らかになってきます。それをベースに，人生（将来）の目標が徐々に見えてくると，自己実現のための学習意欲が開花するわけです。たとえば，幼いころ周囲の自然に親しみ，昆虫に強い興味・関心をもつようになった子どもが，やがてそうした自分の興味・関心に気づき，将来は理科の教師になりたい，と思うようになるのは自然な流れであるように思われます。ただ，こうした流れは本人だけでつくれるものではなく，周囲の大人，特に保護者や教師のあたたかい励ましによって支えられてできるものであることも確かです。

（2）自律的な特徴

　自律的な学習意欲によって学んでいると，その自律性（好んで自己決定している傾向）ゆえに，深い学びが生じ，思考力や創造力も高まり，質的な面を中心に学業成績が向上すると考えられています（櫻井，2009など参照）。また，学校での適応もよく，精神的にも健康である

とされます。

たとえば，ある研究（Grolnick & Ryan, 1987）によると，興味・関心があり内発的に勉強している子どもと，他者（主に保護者や教師）からのプレッシャーでがんばって勉強している子どもは，教師の目から見るとほぼ同じように意欲が高くよく勉強しているように見えるそうですが，勉強をしている理由を聞き取って分析し，精神的健康（テスト不安の少なさや失敗に対する適切な対処方略の使用）との関連を調べてみると，前者は後者よりもより健康であることがわかりました。

4. 自律的な学習意欲の発現プロセス

自律的な学習意欲（特に状態としての自律的な学習意欲）は，どのようなプロセスで生じ，どのような学習行動になって現れるのでしょうか。また，学習行動の結果は自律的な学習意欲にどのようにフィードバックされるのでしょうか。

1つのモデル（櫻井, 2010）を紹介します。図5-2をご覧ください。対象は小学校高学年以上の子ども（自己認識ができる発達段階以上の子ども）で，主に授業場面を想定してみましょう。子どもの自律的な学習意欲が発現するプロセスを，図の中心の四角（欲求・動機→学習行動→認知・感情）に示し，そのプロセスに影響する2つの要因を上（安心して学べる環境）と横（情報）に示してあります。

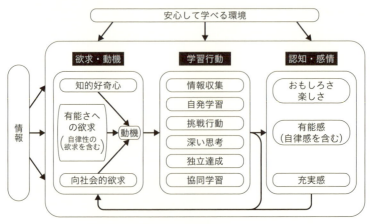

▲図5-2　自律的な学習意欲のプロセスモデル

（1）安心して学べる環境と情報

　こうした自律的な学習のプロセスが順当に生じるには，「安心して学べる環境」と「情報」が必要不可欠です。安心して学べる環境とは，主に物理的に安全な環境（適度な温度と湿度があり，危険がなく，落ち着いて学べるような教室）と対人的に安心な環境（サポートしてくれる教師やクラスメイトがいる教室）のことです。情報とは，学校（授業）場面を想定していますので，主に授業や個人のもっている知識，それに教師・クラスメイトが与えてくれるその他の情報（教えてくれる，ほめてくれる，叱ってくれる，など）のことです。安心して学べる環境にあり，教師による授業や教師・クラスメイトが適宜もたらす情報等があることによって，子どもには自律的な学びが生起する前提が整うことになります。

（2）欲求・動機

　授業（主に導入部分）による情報や個人がすでにもっている知識等によって，子どもの知的好奇心や，もっとわかるようになりたい・学びたいという有能さへの欲求が喚起され，積極的に学びたいという気持ち（動機：自律的な学習意欲）が生じます。また，授業の内容や形態（グループ学習など）によっては，向社会的欲求（他者のためになることをしたいという欲求）が喚起され，理解が難しそうなクラスメイトを援助するために積極的に学びたいという気持ちも生じるでしょう（もちろん，こうした欲求やそれに基づく動機が喚起されず，結果として自律的な学びが生じないこともあります）。

（3）学習行動

　動機（自律的な学習意欲）が形成され働くようになれば，授業の内容の理解や記憶をはじめとして，図5-2に例示されているような自律的な学習意欲に特徴的な学習行動が生じます。具体的にいえば，①自分で関連する情報を集める情報収集，②課題解決に時間を要するような場合には自発的に計画を立て積極的に取り組もうとする自発学習，③解決が難しいと思われる課題にも果敢に挑戦しようとする挑戦行動，④深い理解や新たな発見をもたらすような深い思考，⑤潜在的な能力（才能）をフルに活用して課題を解決しようとする独立達成，⑥クラス

メイトと協力して課題を解決しようとする協同学習，それに現在話題になっているようなアクティブ・ラーニング（active learning）（現場の声2を参照）もこうした学習行動のひとつに位置づけられます。

これらの学習行動は授業場面に特化したものではなく，授業が終了した後の自由な時間に起こる（自発的に起こる）ことが多いものでもあります。それゆえに，こうした学習行動は自律的な学習意欲（自ら学ぶ意欲）に基づく学習行動といえるのです。

(4) 認知・感情

授業が終わり，授業の内容について一定の理解がなされた場合には，学ぶことのおもしろさや楽しさ，有能感が生じます。欲求・動機との関係でいえば，主に知的好奇心に対応して学ぶおもしろさや楽しさが，有能さへの欲求に対応して有能感が生じるものと考えられます。さらに，授業中にクラスメイトの学習行動を支援することができたり，授業後にクラスメイトに授業内容を質問され教えてあげることができたりした場合には，向社会的欲求に対応した充実感を感じることができるでしょう。

そして，結果としての認知・感情（おもしろさや楽しさ，有能感，充実感）は欲求・動機にフィードバックされ，後続の授業などで自律的な学習が展開されることを促します。なお，学習行動がうまく終了しない（授業でよく理解できないなど）場合には，動機が修正され（少しやさしい水準での達成を目指すなど），それが実行されることもあります。自律的に学習をしているからこそ，こうした動機の修正や新たな動機に基づく学習行動が展開されるわけです。

こうしたモデルを参考に展開された教育実践が現場の声2にまとめられています。ご参照ください。

2節　学習意欲の測定法：学習理由と有能感ではかる

学習意欲の測定には多様な方法（櫻井，2009）がありますが，ここでは2つの観点から，質問紙（質問項目）による測定法を紹介します。1つは，学習理由を尋ねるもの，そしてもう1つは，学習に対する有能感を尋ねるものです。

学習意欲は一般に，その方向（自律的か，他律的か）とエネルギー（意欲の力）で示すことができます（桜井，1997）。数学のベクトル量のようなものです。学習理由は，そのうちの方向に対応し，学習に対する有能感はもう1つのエネルギーに対応します。

　なお，図5-2の各要因を測定する質問紙（櫻井，2009；栃木県総合教育センター，2013）も開発されていますので，参考にしてください。

1．学習理由の測定

　図5-1ならびに図5-2の動機（自律的な学習意欲）の部分を，学習する理由として質問紙（質問項目）で測定します。学習する理由が明らかになれば，意欲が自律的な傾向をもつのか，他律的な傾向をもつのかを判定することができます。ただ，この方法では一般に，ある授業における学習理由というよりも，授業や家庭での学習など多様な学習場面での安定した学習理由を測定することになります。具体的な項目例を以下に示します。

　　(1) 内発的な学習理由：①興味・関心（好奇心）があるから，②学ぶことがおもしろいから，③学習内容を理解できるとうれしいから，④好きだから。
　　(2) 自己実現のための学習理由：①志望する仕事につきたいから，②自分の将来に役に立つから，③人や社会のために役立ちたいから，④充実した将来のために必要だから。
　　(3) 他律的な学習理由：①まわりの人から「やりなさい」と言われるから，②しないと先生や親がうるさいから，③恥をかきたくないから，④友だちにバカにされたくないから。

2．学習に対する有能感の測定

　学習に対する有能感は桜井（1992）の質問紙で測定することができます。項目例は以下の通りです。

第5章　学習意欲の研究とその応用　　77

> ①勉強はクラスの中でできるほうですか，②授業がよくわかりますか，③勉強は苦手ですか（反転項目であり，「いいえ」と回答すると有能感が高いことになります），④授業中，自分の意見を，自信をもって発表できますか，⑤むずかしい問題にも挑戦しますか。

　なお，中学生以上になると，学習全般に対する有能感は低下する傾向があります（桜井，1997）。そのためそれぞれの教科や科目に対する有能感を測定することも意味があると思われます。
　以上のような学習意欲の測定によって，自律的な学習理由をもち，学習に対する有能感が高いほど（すなわち，自律的な学習意欲が高いほど），学ぶことへの興味・関心（内発的な学習意欲）が高く，人生で達成すべき目標をよく自覚し（自己実現のための学習意欲が高く），そして自分の学習行動をうまくコントロール（制御）して，質が高くそしてより創造的な成果（学業成績など）をあげることができ，その結果あるいはその過程でも，充実感や精神的健康が高いと考えられます。

3 節　自律的な学習意欲の育て方

　自律的な学習意欲はどのように育てることができるのでしょうか。ここでは，発達の観点と，報酬と評価の観点の2点から，おこたえします。

1. 発達の観点から

　乳幼児期，児童期（小学校時代），青年期初期（中学校時代）と子どもは徐々に成長・発達しますが（櫻井・佐藤，2013），時期によって自律的な学習意欲の育て方の力点は異なります。

(1) 乳幼児期

　子どもの誕生から小学校へ入学するまでの時期を一般に「乳幼児期」といいます。この時期の意欲の育て方で大切なことは，①主たる養育者（多くは母親なので，以下「母親」と表記します）との間に安定したアタッチメント（愛着：心の絆）を形成すること，②旺盛な知

的好奇心を充足すること，③基本的な生活習慣が確立できるようにすること，です。

図 5-2 にある「安心して学べる環境」の基礎になるものが，母親との安定したアタッチメントです。この時期の子どもは，母親が子どもにとって信頼できる存在であり，子どもが母親から愛される存在であることを，十分に感じて育つ必要があります。このような安定したアタッチメントを形成することによって，子どもは母親を“安全基地”のようにして盛んに周囲を探索し，内発的な学習意欲がはぐくまれていきます。

じつはこの時期の探索活動が盛んなのは，知的好奇心が旺盛だからですが，そうした探索活動の安全を確保するのが，安定したアタッチメントの重要な役割でもあります。さらに幼児期になると，子どもはこれでもかというように，周囲の人にわからないことを質問します。このような質問に即座に答えてあげることが，知的好奇心の充足にプラスに働きます。こうした環境を「応答する環境」とよびますが，周囲の大人はこの環境の確保に十分留意しなくてはいけません。

そして，幼児は基本的に知的好奇心（興味・関心）の赴くことしかしません。つぎつぎと興味・関心の対象がかわるかもしれませんが，心配する必要はありません。4，5 歳のころになれば，その子に特有な興味・関心の対象が明らかになります。それはまさに，その子の個性を象徴するような興味・関心の対象であり，おそらくはそれがその子の将来の目標と関連するようになります（自己実現のための学習意欲の芽になります）。たとえば，それは昆虫だったり，自動車だったり，パン作りだったり。そうしたものへの興味・関心がやがて，理科の教師，自動車のエンジニア，パティシエへの道を遅しく歩ませることになるでしょう。

幼稚園に入園する前までには，基本的な生活習慣の確立を目指したいところです。一人で食事ができ，一人で衣服の着脱ができ，そして一人でトイレに行けるようになれば，身辺自立ができたということです。これは幼児にとってとても大きな自信（有能感）になります。幼児にはもともと万能感のようなものがあり，多少の失敗くらいではくじけませんが，少しずつ何かができることによって，現実的な有能感をもてるようにもなります。できるだろう，ではなくて，できる，と

いう実感をともなった有能感が形成されるのです。そして，身辺自立にともなうそうした有能感は，いわゆる「第一反抗期」をもたらします。じつは保護者にとっては反抗かもしれませんが，子どもにとっては自己主張（自我の芽生え）であり，周囲の大人は，こうした子どもの自己主張をかなえてあげる方向で対応することが大切です。

(2) 児童期（小学校時代）

児童期とは一般に小学校時代をさします。この時期の子どもに大切なことは，小学校入学によって①体系的な教育としての授業が始まるため，その内容が理解できるようにすること，②新たな環境である小学校に適応できるようにすること，③優越欲求が高まってくるため適切な方法で充足させること，④等身大の有能感がもてるようにすること，です。

授業によって多くの情報（図5-2参照）が入ってきますが，それがよく理解できなければ，授業はおもしろいとも楽しいとも思えません。したがって内発的な学習意欲も湧いてきません。まずはしっかり理解できるように，教師としてはわかりやすい（ただし，がんばればわかる程度の）授業をすることが重要です。たとえ，興味・関心がない内容でも，その内容が理解できればやがて興味・関心が喚起されるようになります。これは「機能的自律（functional autonomy）」といわれます。また教師は，子どもができるだけ興味・関心をもって授業が受けられるように，導入部分では創意工夫が必要です。たとえば，理科では実験をして驚きを与えたり，社会では意外な統計を示して不思議な気持ちにさせたりするとよいでしょう（現場の声2を参照）。こうした例では驚きや不思議さを解消するために，深い思考が導かれる可能性が高くなります。

また幼稚園や保育園から小学校に入学（学校移行）する場合には，小学校という新たな環境で再び安心して学べる環境を作ることが求められます。幼児期に，仲間を作ったり，仲間との関係を維持したりするスキルが培われますが，小学校では新たな環境ゆえに不安も高まることが予想されます。その点で，保護者や教師によるサポートが必要なわけです（現場の声1を参照）。

小学校でも高学年になると，勉強でクラスメイトに勝ちたい，ス

ポーツの競技で一等賞を取りたい，というような他者に勝ろうとする「優越欲求」が強くなります。これは自分の才能を開花させるためにとても重要な欲求ですが，負ける経験が多いと無気力になってしまうこともあります。得意な教科や科目では他者と競争をして勝てるかもしれませんが，不得意な教科や科目では勝つことは難しいため，自分が少しずつでも成長できればよい，というような「成長欲求」に基づく評価をすることが大事になります。得意・不得意は，中学校に進めばさらにはっきり現われるため，成長欲求に基づく絶対評価や個人内評価（3節2．(2) 参照）は，自己受容の点から必要不可欠な評価だと考えられます。ただ，競争して他者に負けることによって，敗者の気持ちを理解し，相手の不得意なことは教えてあげたい，というような向社会的な対応ができるようになることもあり，負けることは一概に望ましくないとはいえないように思われます。

　さらに小学校高学年になるころには，等身大の有能感をもつように成長することが重要です。何でもできるように思う，というような，ふわふわした有能感ではなく，これはできて，これはできない，というようなしっかりとした現実的な認識に基づく有能感をもつことによって，自分がどのような仕事につき，どのような生き方をしたらよいのかが，少しずつ見えてくるようになります。適切な人生（将来）目標を形成していくためには，その子のポジティブな情報（得意なものなど）とともにネガティブな情報（苦手なものなど）も示していくことが必要です。もちろん，その子との間に信頼関係があることが前提ですが。

(3) 青年期初期（中学校時代）

　青年期前期とは一般に中学校時代をさします。中学校が安心して学べる環境になること，さらに得意な教科や科目では優越欲求に基づいて競争をしてもよいが，苦手な教科や科目では成長欲求に基づいて自分が成長していることで満足し受容すること，などは児童期と同じように大事です。その他には，①自己理解に基づいて人生（将来）目標を設定できるようになること，②メタ認知能力や自己評価能力の発達に基づいて，自分で学習活動をコントロールして"自学者"として学習が進められるようになること，も大切です。

中学生になると多くの子どもが精通（男子）や初経（女子）を経験します。こうした第二次性徴の現れによって，子どもは自分に関心をもち，それまでに発達してきた高度な思考力によって自分を分析するため，客観的な自己理解が進みます。その結果，自分の主たる興味・関心，長所や短所，適性などが明らかになり，それをベースに将来自分がどんな仕事につきたいのか，またつけばよいのか，さらにはどんな生き方をしたいのか，などいわゆる将来展望が可能になります。そして，おおまかな人生（将来）目標（たとえば，小学校の教師になること）を定め，その目標の達成のために，中学校での授業内容に価値を見出すことができます。人生（将来）目標を達成するためには，好きな授業だけなく嫌いな授業も進んで受けるようになり，自己実現を目指した学習意欲が働きはじめるのです。早い子どもは小学校の高学年のころから，遅い子どもでも中学校のころには，こうした意欲の形成が見られるようになります。ただ，客観的な自己理解のためには自分についてのポジティブ・ネガティブ両方の情報が必要であり，周囲の大人は意識してこうした情報を提供する必要があるように思われます。もちろん，信頼関係を築いたうえでのことであることは既述の通りです。

　また小学校の高学年から中学生くらいになると，メタ認知能力や自己評価能力が発達してきます。自己評価能力というのは，大人と同じ程度に学習の結果を評価できるということで，小学5年生くらいになるとこの能力が発達し，自分のレポートやテストの結果を教師と同程度に予測できます。また，メタ認知能力も発達してきて，自分の学習活動をモニターし，その結果に基づいて学習方略を変更したり，自分をうまく動機づけたりできます。

　こうした主に2つの能力の発達によって，子どもは自分の学習結果を正確に評価し，失敗した場合には反省・激励し，成功した場合には喜び・ほめることが可能になります。これは他者の激励やほめ言葉から独立して，自分で自分の学習を進めることができる，ということを意味します。"自学者"の誕生です。現代のような生涯学習が必要な時代にはとても重要な能力の発達であり，周囲の大人はこうした能力の発達を支え，子どもがそうした能力を現実場面にうまく適用できるようにしてあげることが望まれます。

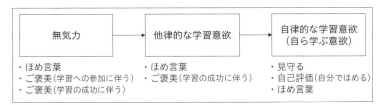

▲図 5-3　それぞれの学習意欲に適切な報酬

2．報酬と評価の観点から

　報酬と評価が，自律的な学習意欲（特に内発的な学習意欲）にどのような影響を与えるのか，については多くの研究がなされてきました。ここでは，その成果を簡単に紹介します。詳しくはデシとフラスト（Deci & Flaste, 1995）や櫻井（2009）をご参照ください。

(1) 報酬の観点から

　報酬は，主に"物質的な報酬"と"言語的な報酬"に分けることができます。物質的な報酬とはご褒美のことです。チョコレートや賞状や金銭などです。一方，言語的な報酬とはほめ言葉です。「よくできたね」とか「すごいね」といった称賛の言葉です。これまでの研究によると，ほめ言葉のほうが内発的な学習意欲を損なわず，むしろ高める効果があるようです。一方，物質的な報酬は，図 5-3 の通り，無気力な状態や他律的な学習意欲が高い状態では，意欲を高める方向に作用しますが，自律的な学習意欲（特に内発的な学習意欲）が高い状態ではその意欲を削ぐ方向に作用するようです。

(2) 評価の観点から

　評価は「評価の主体」と「評価の基準」によって分類することができます。評価の主体は，他者と自分（自己）です。他者が評価をする場合は他者評価といい，教師による評価が典型例となります。一方，自分（自己）が評価をする場合は自己評価といいます。評価の基準とは，成功・失敗の基準であり，集団の相対的な位置によってそれを判断する場合を相対評価，目標が達成できたかどうかで判断する場合を絶対評価あるいは到達度評価，自分の過去の成績と比べたり自分の他

の教科・科目の成績と比べたりする場合は個人内評価，といいます。

　これまでの研究によると，主に大人（認知能力が十分に発達した状態）では，内発的な学習意欲にとって有効なのは自己評価ならびに絶対評価と個人内評価です。これに対し他者評価は他者にコントロールされるということから，また相対評価は集団内での相対的な位置を決めるために競争をさせられ，その結果として他者からコントロールされているという意識が高くなることから，内発的な学習意欲にはマイナスの効果があると説明されます。ただし，子どもの場合には，教育の結果を評価するために，教師による他者評価は必要不可欠です。他者とはいっても教師と子どもの間に信頼関係が形成されていれば，マイナスの効果は少ないものと考えられています。「先生はぼくのことを思って，こうした評価をしてくれた！」という思いが生じれば，他者評価でもすんなり受け入れることができ，子どもの内発的な学習意欲にマイナスの効果を及ぼすことはないといえるでしょう。

現場の声 1

学ぶ意欲をはぐくむ学級経営と授業

● 実践の方向性 ─────────────

　これから紹介するのは，平成28年度に赴任した小学校での実践です。本校の教育目標は「自ら学び，心ゆたかでたくましい児童の育成」です。学校目標を達成するために設定した学校課題は，「基礎学力を身につけ，その力を支えとして，主体的に学習する子どもの育成」です。主体的に学習する子どもに育っているかを確認する道具の1つとして，「学習に関するアンケート」を活用することにしました。これは，5章執筆者の指導のもとで，栃木県総合教育センターが作成した28問から成る質問紙です（栃木県総合教育センター，2011）。

　実践研究の結果わかったことは，「安心して学べる環境」は学ぶ意欲をはぐくむ土台となる重要な条件であること，各構成要素に意図的にはたらきかけることで，学ぶ意欲を向上させることができること，成功体験により得られる「有能感」を高めるのは決して容易ではないということでした。ここでは，第4学年の1学期に行った日常的な取り組みと算数の授業でのはたらきかけを報告します。学級担任は教職3年目の教諭で，静と動のメリハリのある教育活動を行っています。5月に実施した「学習に関するアンケート」の結果（表）を受けて，1学期は，やや低かった「知的好奇心」「有能感」と，土台となる「安心して学べる環境」と，本校で重視している「協同学習」を中心にはたらきかけることにしました。

▼表　第4学年第1回学習に関するアンケート（4件法）の結果（20名）

安心して学べる環境	知的好奇心	有能さへの欲求	向社会的欲求	おもしろさと楽しさ	有能感	充実感
3.09	2.95	3.28	3.40	3.58	2.08	3.43
情報収集	自発学習	挑戦行動	深い思考	独立達成	協同学習	
3.03	3.03	3.08	3.08	3.10	3.30	

● 日常的な取り組み ─────────────

① 「わからない」「教えて」と言える学級をつくる「安心して学べる環境」

　安心して学べる環境をつくるために，教師が「間違えてもいいよ」「この問題の正解は1つではないね」「わからないのはどこですか？」といった言葉かけを続けたところ，6月頃には数名の子どもが「～がわからない」と言うようになりました。その都度，教師が全体に問いかけ，みんなで考える場

を設定したため、子どもたちは、疑問点や理解できない点を伝えることが学級の学びに役立つことを実感していきました。
② 子どもどうしが認め合う場を設定する「有能感」
　新聞づくりや工作など創造性をはぐくむ学習では、互いによい点を認め合う場を設けました。たとえば、ビー玉ゲームを作った後には、友だちの作品で遊び、よさを見つけます。感想を伝えたり付箋にメッセージを書いて渡したりします。工夫したことに友だちが気づいてくれたときにはうれしそうな表情をしていました。
　ほとんどの教科を担任が指導している小学校では、教育活動のさまざまな場面で学ぶ意欲にはたらきかけることができます。子どもどうしによる相互評価を続け、自他の学びのよさへの気づきとともに有能感が向上することを期待しています。

● 実践事例　第4学年算数「折れ線グラフ」（6月実施）
　この単元では、折れ線グラフを読むこと、かくことを学びます。これから報告するのは単元の終盤に位置する授業で、1つの画面に気温を表す折れ線グラフと降水量を表す棒グラフがあり、2つを関連づけて読み取ることをねらいとしています。
① 子どもとの問答を生かしてねらいを提示し意欲を喚起する「知的好奇心」
　本校では、子どもたちと授業のねらいを共有して見通しをもたせ、振り返らせる一連の活動を重視しています。教師は、図のグラフを見せて、「これまでのグラフと違うところは何ですか？」と問いかけました。「縦軸が2つある」「前は、折れ線グラフが2つだった」「今度は、棒グラフと折れ線グラフがいっしょにかいてある」などの発言がありました。それらを受けて「棒グラフと折れ線グラフをいっしょに読み取ろう」と板書すると、子どもたちはノートに素早く書き写し、「よし、やるぞ」という雰囲気になりました。

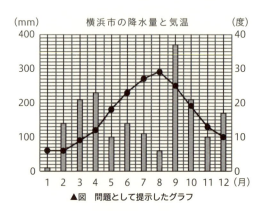

▲図　問題として提示したグラフ

授業構想の段階で授業のねらいを明確にしておくことは重要ですが，常に教師が用意した言葉を提示するのではなく，本時の問題と前時までに学習した問題との違いに気づかせて，めあてとして提示する言葉を子どもから引き出したほうが，自身の課題としてとらえられ，学ぶ意欲の高まりが期待できます。

　本時ではこの後，学習のめあて達成のための見通しをもたせるために問答をいくつか行い，自力解決の時間をとってから，グループ活動を行いました。

② グループ活動でそれぞれの考えを交流させる「協同学習」

　あるグループ（Aさん：男子，B・Cさん：女子）の活動の様子を示します。

◆各自の意見を発表
　　Aさん：棒グラフと折れ線グラフは10月と11月以外は差が大きい。
　　Bさん：気温は1〜8月まで上がり8〜12月まで下がっている。降水量は，1月が一番少なく，9月が一番多い。
　　Cさんは，気温，降水量の最高と最低に着目したり，昇順に月を並べたりしていた。
◆話し合いとホワイトボードへの記入
　　視点の異なる意見が出ていたので，Cさんは1つにまとめることに抵抗があり，3人それぞれの主な意見をホワイトボードに書くことにした。書く過程で，
　　Cさん：差ってどういうこと？
　　Aさん：うん，棒グラフの上を線で結ぶと2つのグラフの差が見えてくるよ。
　　Cさん：そうか。でも，同じもので比べていないから変な感じがするなあ。
　　といったやりとりをしていた。

　気温と降水量の差を求めていた子どもが数名いましたが，教師はそのことについては指導せず，発表できたことを称賛しました。そして，次の日に，「身長と体重」を例として，違うものでは数値を比べることはできないことを指導しました。すると，Cさんが「スッキリした」とつぶやき，疑問が晴れて笑顔になりました。すべてのことを本時で解決しようとせずに，子どもの様子と状況に応じてじっくりと進めた例です。

　この授業を経験した教師は，協同学習をさせる場合には，交流することで見方を広げさせるのか，協議により意見をまとめさせるのかなど，活動の目的を明確にすることの大切さを再確認しました。

③ 子どもに意図的に関わり自信をもたせる「有能感」

　本単元では，普段から自信がなさそうで指示を待っていることが多いAさん（前項のAさんと同一）に，多めに声かけをしました。また，主体的に取り組む態度を育てるために，教師は一人ひとりの振り返りを受けて励ましのコメントをノートに書きました。Aさんとは次のようなやりとりがありました。

Aさんの振り返り	教師のコメント
折れ線グラフで引き算が出てきて，少しわからないことがあったけど最後にはできてよかったです。	もう少し丁寧にまとめていくと，Aさんにとっていいノートになると思います。先生は，Aさんができるのを知っています。少しでもいいから，ノートを変えてみよう!!やればできる!!
二重波線で省略すると1目盛りは1cmだったので役に立った。目盛りは2cmより1cmのほうが変化がわかりやすかった。	二重波線で省略することで，変化の様子がよくわかりましたね。
初めて棒グラフと折れ線グラフを見比べていろいろな差とかが出てきてうれしかった。最後には発表できてよかった。	自信をもってできていましたね。発表もとてもよかったです。がんばりましたね。

　第2回のアンケートで，Aさんが伸びた項目は次のとおりでした。課題であった「有能感」の数値に伸びはみられませんでしたが，Aさんは2学期の始業式の作文発表を引き受けました。活躍の場を与え努力させて，成功体験を積ませることにより，時間をかけて「有能感」を高めていきたいと考えています。

◆ +1.0 上昇した項目　　◆ +0.5 上昇した項目
・安心して学べる環境　・有能さへの欲求
・向社会的欲求　　　　・独立達成
・挑戦行動　　　　　　・協同学習
・深い思考　　　　　　・おもしろさと楽しさ

● 今後に向けて
　短期間でのアンケート結果の比較でしたが，〔安心して学べる環境〕，〔知的好奇心〕，〔独立達成〕にやや上昇がみられました。現在，本校の児童に身につけさせたい力は表現力や自信です。今後も学ぶ意欲の構成要素を意識してはたらきかけ，一人ひとりの意欲と学力を伸ばしていきたいと考えています。

定時制高校ではぐくむ学ぶ意欲

現場の声 2

現在，昼夜間定時制と通信制を併設した高校の校長として，「教育の質を高めて生徒の心に火をつける」を合い言葉に教育活動に取り組んでいます。これまでの教員生活の多くをいわゆる教育困難校で過ごしてきた身として，授業で生徒の学習意欲を高めることは常に乗り越えるべき大きな課題のひとつでした。33歳で教員に転身し，しかも工学部出身で教育学の素養に乏しい筆者に理論的な背景などあるはずもなく，目の前の現象に対応することで精一杯という教員生活の中で実践してきたこと，考えてきたことを振り返る形で，学ぶ意欲の指導について述べてみたいと思います。

校内暴力の名残が影を落とす時代，理科の教員としてはじめに赴任した全日制の高校では，学習意欲の喚起以前に授業が成立することに腐心する有様でした。しかし，そのような状態でもほとんどの生徒たちはきちんと学習したいと望んでいます。そこで筆者が始めたのは「実験を取り入れた授業」です。興味関心を高め，授業に参加してもらうのに実物を見せる実験はうってつけでした。その実践は一見うまくいったようでしたが，やがて勘違いに気づきます。生徒は一般に実験を好みますが，それは座学よりも楽だからという場合が往々にしてあるのです。筆者がしたかったのは理科の学力を高める授業です。そこでわかりやすさ，実験なしでも飽きさせない1時間の展開，単元（学習のまとまり）ごとの展開など全体的なことにも注意を払うようになりました。実験も，なぜその実験なのかという意味づけを意識して行うようになりました。

その後勤務した定時制高校では初任校での経験もふまえ，生徒自身が学ぶに値すると思えるものを提供するということを重視しました。誰でも自分が真にすばらしいと思えることには敬意を表し，素直に学んで自分もその世界を知りたい，近づきたいと思うものです。教師の役割は教材を学ぶ価値あるものに高めることであるということを強く意識しました。よい映画を見た後と同じような満足感を与えられる，そんな授業を理想としていました。初任校と違ったのは不登校経験者など自己表現の苦手な子が多いことです。生徒とのやりとりを通して理解状況や反応を感じながら進めることにも気遣いました。また，必ず内容のまとまりごとに興味度，参加度，理解度について生徒に自己評価をさせていましたが，学習成績と最も相関が高いのは興味度であるという結果が得られ，改めて学習意欲が学力の大切な要素であることを認識させられました。

校長として赴任した進学校では，思考力を高める授業を推進しました。学力の要素とされる意欲・基礎基本・思考力などの活用力はスパイラル的に

高まるものであり，いつまでも意欲や基礎基本を押さえることにこだわっていては子どもたちの潜在能力を十分に引き出すことはできません。そこで強調したことは2つ。まず，よい課題を与えることです。生徒が学びの価値や楽しさに気づき，価値あることができるようになった自分のすばらしさを知ることができる課題に取り組む中で，基礎基本に戻って学ぼうとする意欲も湧くと考えるからです。2つ目は，協同学習などにより生徒間の相互作用を活用することです。高校にもアクティブ・ラーニング（AL）として対話的な学びが導入されつつあります。AL を進めるためには，1 人より協力して学ぶほうが成果が上がる，という協同の原理（関田，2005）を学習者が理解し，互いに支え合う集団づくりをすることが何よりも大切です。これまで競争原理が浸透していた高校において形だけの AL に囚われていると，かつての筆者の実験の授業のように，一見すると能動的に学んでいるようでも，楽だから参加しているということになりかねないと危惧しています。

　現在の勤務校において高めるべき教育の質を考えるとき，まず浮かぶのが，卒業して勉強が必要になったときに自分で学べる力を身につけさせたいということです。そのために筆者に足りなかったのは，自律性を高めるという視点です。我が校は，大学より柔軟ともいえる単位制のシステムを運用していますが，単位制高校とはそもそも自立した学習者を育てる学校です。生徒のよさは，与えるだけで引き出されるものではなく，自分で決めて，実行し，振り返るというサイクルを簡単なことから繰り返し積み重ねていく中ではぐくまれます。授業だけでなく学校行事や部活動などを通した経験も大切です。地域に出てボランティア，町おこしなどのリアルな課題に取り組ませることも有意義です。実体験における課題への気づきによってはぐくまれた自律性は，自己肯定感を高め，活動に対する意欲をさらに高めます。このような仕掛けをますます張り巡らせていく必要があると思っています。

90

第6章

心理臨床と学習心理学

活かせる分野

今日では心理臨床の場は複雑化，多様化してきており，クライエントやコンサルティに生じている問題を「行動」に基づいて整理することが役に立ちます。本章では特に学習心理学に基づいた心理臨床に焦点を当てて整理していくことにします。まず1節では教育・医療・産業というさまざまな現場で求められている心理臨床家の活動について概観します。また2節で学習心理学に基づいた認知行動療法の理論について復習し，3節でこうした理論を背景とした認知行動療法の各技法について紹介していきます。そして4節では，学習心理学に基づく介入について，今後の発展の可能性を探っていきたいと思います。

1節　心理臨床の実際

心理臨床とは，何らかの心の問題や苦痛を抱える人に対する援助的関わりを総称した概念です。心理臨床の分野では，このような問題・苦痛を抱える人をクライエントとよび，援助する人をセラピストとよびます。クライエントは，必ずしも精神疾患の診断基準に該当する人とは限らず，落ち込んだり，悩んだりして，援助を求めてきた人すべてをさします。

一般的には精神疾患としての重症度よりむしろ，クライエントがいかに苦痛を感じ，今の状態を脱したいと感じているかが，変化のため

の重要なポイントとなります。しかし現在の心理臨床の現場では，必ずしもクライエント本人が困っている場合だけでなく，当事者への関わり方について悩んでいる人（親や職場の上司など）をコンサルティとして支援するケースもしばしばです。またかつては，セラピストがクライエントに対して1対1で援助することを心理臨床とよんでいました。しかし，現在では多角的なニーズに対応することが求められるようになり，その支援体制も「個人」対「集団」あるいは「集団」対「集団」という形に広がりつつあります。2017年9月に施行された公認心理師法に基づき，心理専門職として初めての国家資格が誕生しました。これにより，今後ますます現場での幅広い活躍が求められることになります。

1．教育現場における心理臨床

　幼稚園・小学校・中学校などの教育機関は，子どもを教育し発達を支援していくことを目指しています。子どもたちは，授業や他児との関わりを通して成長していきますが，その中で困難を抱えることもしばしばです。たとえば，発達障害や知的障害によって学習や環境適応の難しさを抱える子もいれば，他児への暴力行為やコミュニケーションの苦手さを抱える子もいます。あるいは，不登校になったり，自傷行為などを繰り返してしまう子もいます。思春期など，発達にともなう正常な反応である場合もありますが，そうしたときにも子どもが自分の力で発達課題を乗り越えていけるよう手助けする必要があります。こうした問題に対して，文部省（現在の文部科学省）は1995年にスクールカウンセラー派遣事業を開始し，数多くの学校にスクールカウンセラーが配置されるようになりました。

　このように教育機関で生じる問題では，子ども本人が困っている場合もあれば，教師や保護者など周囲の大人が子どもの学校適応上の問題について解決ニーズをもっている場合もあります。前者であれば，子どもは，担任，養護教員，スクールカウンセラーなどと直接面談し，何らかの支援を受けることができます。しかし後者であれば，子どもの問題がどのようなところにあるのか，授業，給食，クラブ活動，行事などを通してアセスメントし，直接的または間接的に介入していくことが求められます。スクールカウンセラーなどのセラピストは，こ

のような観察場面で子どもや周囲の人の「行動」に着目してアセスメントし，介入方針を立てていくことで，子どもの状態がわかりやすく，教員や保護者とも変化を共有しやすくなるのです。たとえば，立ち歩き，注意散漫，他害，自傷，緘黙などの「行動」について，場面，頻度，時間など詳細に記録し，変化しやすいポイントから介入していきます。

2．医療現場における心理臨床

　医療機関は，患者の病気を治療し，命を救い，生活の質（Quality of Life: QOL）を向上させることを目指しています。まずうつ病や不安症など精神疾患の場合には，クライエント自身が強い苦痛感をもって来院することがほとんどです。困難を抱えている症状は，落ち込み，不安，不眠，疼痛，倦怠感，などさまざまですが，本人が状況を整理できていることばかりではありません。こうした症状についても教育現場と同様，患者だけでなく，家族や医療スタッフ等の「行動」を詳細にアセスメントし，介入していくことが有用です。特に精神疾患の場合には，疾患の特徴ごとに学習理論に基づく介入パッケージが開発されており，クライエントの問題を「行動」でとらえることで介入に移行しやすいという利点があります。クライエントが苦痛と感じている行動をコントロールすることができれば，必然的に落ち込みや不安などの精神症状も低減し，まさに病気を治療することにつながります。

　一方で身体疾患の場合には，身体的な病気を治療することが目標となるため，想定される問題が必ずしもクライエント自身が苦痛を感じている精神症状とは限りません。当然，病気と診断されたことによるショックや，病気がどうなるのだろうかという漠然とした不安感がQOLに影響する場合も多く，セラピストはその対応を求められることもあります。そのようなときには，精神疾患と同様に落ち込みによって活動できなくなっているなどの「行動」に焦点を当てて介入していけばよいでしょう。しかし，たとえば看護師からの処置を拒否したり，服薬や生活習慣を指導されたとおりに守れないなど，身体疾患治療の妨げとなる問題が生じる場合もしばしばであり，そのようなときにはむしろ医療者が苦痛を感じ，コンサルテーションとしてセラピストに依頼してくることになります。こうした場合にも「行動」に着目して詳細にアセスメントし，介入方針を立てていくことでクライエントの

第6章　心理臨床と学習心理学　　93

変化がわかりやすく，医師や看護師，その他コメディカルスタッフとの情報共有にも役立ちます。

3. 産業現場における心理臨床

　企業などの産業現場では，労働環境があまりに苛酷であったり，上司や同僚とのコミュニケーションがうまくいかないために，心身ともに体調を崩す人が多くいます。特に近年は，従業員が働きやすい労働環境作りとしてメンタルヘルス対策が重要視されるようになり，2015年12月よりストレスチェックが義務化されました。また，産業医や産業カウンセラーが常駐し，従業員のメンタルヘルスを管理している企業も増えてきています。このように職場では，仕事内容や人間関係が引き金となり，情動や行動の問題が生じるケースが多くあります。したがって，まずセラピストは異動や休職，職務内容の変更など，できる限りの環境調整を企業と手を組んで行っていく必要があります。こうした場面でも，「会社に行けずに家にとじこもる」「上司と言い争いになる」といった「行動」でとらえることで，学習理論に基づいて問題を整理していくことが可能です。医療現場と同様に，こうした精神的問題については2節で紹介されるようなさまざまな介入パッケージを適用していくことができます。

　また，うつ病や適応障害などにより休職した従業員に対しては，医療と産業の現場が提携しながら復職支援を行っていく必要があります。こうした復職支援プログラムにおいても，近年では認知行動療法の導入が盛んに行われています。これは，「通勤する」「業務を遂行する」のように行動獲得を目指している復職支援において，学習理論に基づく介入パッケージがなじみやすいからといえるでしょう。

2節　心理臨床に生かす学習心理学の理論

　学習理論における学習のタイプは主に，古典的条件づけやレスポンデント条件づけとよばれる学習の型（本章ではレスポンデント学習とよぶ），道具的条件づけやオペラント条件づけとよばれる学習の型（本章ではオペラント学習とよぶ），モデリング（観察学習）の3つに分類されます（宮下・免田，2007）。また学習理論に基づく行動療法の理

論枠という観点でいえば，これら3つに実践から生まれた認知行動療法の理論を加えた4つのグループに分けることができます（山上, 2007）。2節では，まず学習理論に基づく介入技法の考え方について，その理論を説明していきます。

1. レスポンデント学習に基づく情動反応の形成・維持・般化の理論

レスポンデント学習とは，元来は生体反応とほとんど結びつきのない中性刺激（Neutral Stimulus: NS）が，無条件反応（Unconditioned Response: UR）と結びつきのある無条件刺激（Unconditioned Stimulus: US）と対提示されることで，条件刺激（Conditioned Stimulus: CS）となって，生体反応を引き起こさせる学習のことです（第2章2節学習を効率的に行う訓練法（1）：古典的条件づけを参照してください）。このレスポンデント学習により，不安・恐怖という情動反応が条件づけられることをワトソンとレイナーは実験的に証明しました（Watson & Rayner, 1920）。実験では，乳児に対して白ネズミ（CS）とハンマーの強音（US）を繰り返し対提示することで，乳児が白ネズミを見ただけで激しく泣き出して，その場から逃げ出してしまったことを報告し，レスポンデント学習による恐怖条件づけという理論が確立しました（図6-1）。このように，人の恐怖や不安は学習により成立

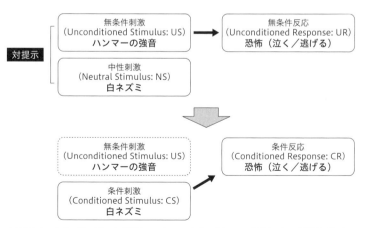

▲図6-1　レスポンデント学習：ワトソンとレイナーの実験による恐怖条件づけ
（Watson & Rayner, 1920）

していることがわかってきています。たとえば，以前に怖い思いをした場所に近づくとドキドキするといった日常的な体験も，このようなメカニズムで学習されていると考えることができます。

　さらに，こうした研究が蓄積された結果，類似の中性刺激（NS）によっても，同様の恐怖や不安の反応が生じることもわかってきました。これを般化といいます。たとえば，広場恐怖で「電車に乗るのが怖い」と感じていた人が，徐々にバスやエレベーターに乗ることまで怖くなってしまうことは稀ではありません。このように般化が広がっていくと，生活全般が大きく阻害されて真の恐怖対象が見えにくくなるため，より丁寧なアセスメントが必要になります。

2. オペラント学習に基づく問題行動の形成・維持の理論

　オペラント学習とは，先行刺激（Antecedent Stimulus: A）をきっかけに生起したある行動（Behavior: B）が，結果刺激（Consequent Stimulus: C）の影響を受けてそれ以降の行動の出現頻度が変化する学習のことで，その頭文字をとって ABC 理論といわれることもあります（第2章3節学習を効率的に行う訓練法（2）：オペラント条件づけを参照してください）。また，こうした反応パターン全体をさして，三項随伴性ともよばれています（鈴木・神村，2005）。

　この時，行動を維持させている刺激の機能にはいくつかのパターンあり，「正の強化」といって望ましい結果が増えている場合と，「負の強化」といって望ましくない結果が減っている場合があります。たとえば，授業中に算数の問題が解けずに立ち歩きをしてしまうことが問

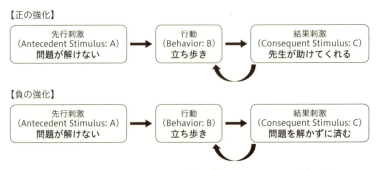

▲図 6-2　オペラント学習：立ち歩きが問題となっている児童の例

題となっている児童の例で考えてみます（図6-2）。この時に，先生が気づいて問題を解くことを助けてくれるということが本人の快刺激となっていれば正の強化，問題を解く苦痛から逃れることができるということが本人の快刺激となっていれば負の強化，とアセスメントすることができます。つまり，同じ教室内を立ち歩くという行動であっても，アセスメントにより介入方針の立て方が異なることがわかります。

　精神疾患の場合，クライエントは「落ち込み」「不安」「身体の痛み」などを症状として訴えますが，これを行動として整理することができます。たとえば，「狭いところに入ると息苦しくなって，倒れてしまうのではないかと不安になり，エレベーターに乗ることができない」としたら，そのエレベーターを回避する行動は不安と直面せずに済むという負の強化により成り立っているとアセスメントすることができるのです。

3. 認知的学習に基づく行動獲得の理論

　私たちは，レスポンデント学習やオペラント学習のような随伴性がなくても，行動を獲得できることが知られています。そうした学習の1つである認知的学習とは，言語や観察を通じて学習することをさしています。

　社会的学習理論を提唱したバンデューラ（Bandura, 1977）は，モデリングについて論じ，モデルを観察することによって先を予測することができ，その結果として行動を起こすことに対するセルフエフィカシー（自己効力感）が高まると強調しています（第2章4節2. 動物の学習行動の認知的理解（4）ヒトの研究を参照してください）。このように観察によっても行動の生起や維持に影響を及ぼす可能性が示唆されたことで，学習理論に基づく介入技法の幅が広がりました。また応用行動分析の分野では，言語を用いる人間のみに見られる学習として，ルール支配行動という学習様式があると指摘されています。ルール支配行動とは，「〜をしなさい」と他者から言われたり，自己の中で考えたりすることで，自然と形成された自分の中のルールによって制御されている行動のことをさします（Ramnerö & Niklas, 2008）。たとえば，「甘いものを食べる」という行動の即時的な結果刺激は「おいしい」のみであったとしても，ヒトは「太っていない自分の姿」な

第6章　心理臨床と学習心理学　　97

どの将来の事象を結果刺激として強化されることで「甘いものを食べ続ける」行動をコントロールすることができます。しかしルールに支配される行動が増え過ぎると，随伴性による学習が困難となり，活動制限や機能低下が顕著となる可能性も高いのです。

4．認知行動療法の理論

　認知行動療法の背景には，特定の理論が存在しているわけではなく，思考や認知をターゲットにした学習技法の集合体といえます（山上，2007）。たとえば，思考中断法や思考修正法はレスポンデント学習の理論から発展してきていますし，それとは別に臨床実践の中から認知再構成法や認知療法などの技法が生まれています。これらは同じメカニズムでは説明できませんが，少なくとも，思考や認知をターゲットとして変容させていくことが有用であると主張している点では一致しています。

3 節　学習心理学に基づく認知行動療法の技法

1．系統的脱感作法

　脅威対象に近づくと，危険信号として脳の中の扁桃体が活動し，私たちの身体は戦闘体勢に近い状態に入ります。この時に感じる情動反応を不安や恐怖などとよびます。ヒトが生きるために古くからもっている生得的反応であるといえます。このような情動反応を2節で論じたレスポンデント学習でとらえ，介入していこうとする技法が広く用いられています。その中でも，ウォルピによって独自に提唱された治療法で，古くから臨床応用されている行動療法に系統的脱感作法があります（Wolpe, 1958）。これは弱い不安から段階的に慣らしていく方法として知られており，条件刺激（CS）に不安とは同時に生じ得ない心身の状態（不安拮抗反応）を対提示させる逆制止という方法によって，脅威対象に接近したときの情動反応を和らげることを目指します。系統的脱感作法の一般的な手続きとしては，まず自律訓練法や漸進的筋弛緩法などのリラクセーションを用いて不安拮抗反応を体得します。そして，つぎに恐怖や不安を感じる対象についてそれぞれ自覚的障害度（Subjective Unit of Disturbance: SUD）を点数化した不安階層表

を作成します。まず SUD の低いものをイメージし，同時にリラクセーションの訓練をします。そして，徐々に SUD の高いものへと挑戦し，最終的には SUD の高いものに対してもリラックスできるようにします。これは非常に効果的な技法ですが，漠然とした不安感をもっている場合よりも，脅威対象に対する自律神経反応が顕著に自覚できている場合のほうが効果的であるといわれています（鈴木・神村，2005）。そのため，たとえば，ある生物に対する接近恐怖や閉所恐怖のような特定の恐怖症患者に対して効果的な手法と考えられています（山上，2007）。

2．エクスポージャー法（暴露療法）

　パニック障害や強迫症，特定の恐怖症など，恐怖や不安が中核となる精神疾患においては，一般的に不安を起こす必要のない刺激に対して不安反応が生じ，それが不適切に回避されている状況であると説明することができます（原井・岡嶋，2008）。このような不安反応が生じるメカニズムを 2 節の図 6-1 のようにレスポンデント学習の理論に基づいて整理すると，無条件刺激（US）と対提示された中性刺激（NS）が条件刺激（CS）となって，条件反応（CR）である不安反応を引き起こすという学習が起きていると考えられます。しかし，US と CS が対提示されなくなったり，CS のみの提示が続くと，徐々に反応が生起しなくなります（消去）。また，CS が反復的に提示されると，そのことに慣れて徐々に反応が弱くなっていきます（馴化）。このような再学習を狙った介入をエクスポージャー法といいます。つまりクライエントに，不安を喚起させる強い脅威に自ら接近させ，不安が自然に下がっていくことに気づかせるという手法です。

　また，レスポンデント学習の CR である不安反応は非常に嫌悪的であるため，一般的にそこから回避しようとする行動が習慣化されます（回避行動）。こうした回避行動は，その行動によって不安反応を低減するという負の強化によって維持されています。マウラーは，このように不安による回避行動をレスポンデント学習とオペラント学習が複合的に機能した悪循環ととらえ，二過程理論を確立しました（Mowrer, 1947）。暴露反応妨害法は，エクスポージャー法と反応妨害法を組み合わせた技法であり，このような悪循環を想定し，双方の

第 6 章　心理臨床と学習心理学　　99

学習プロセスを断ち切ることを目指します（鈴木・神村，2005）。た
とえば，手の汚れが気になり，繰り返し手を洗ってしまう強迫症患者
を例に説明すると，まずエクスポージャー法として手を汚すよう促し
ます。そして，さらに洗うことで脅威対象である手の汚れから回避す
る行動を妨害するために，手を洗わずに過ごすようにするのです。

　ほかにも，内部感覚エクスポージャー法やイメージエクスポー
ジャー法など，エクスポージャー法には複数の技法が含まれています。
これらは，クライエントが脅威に感じている対象に合わせて使い分け
る必要があります。実際には，クライエントにとって強い脅威対象に
一気に接近することになるため，十分な関係性構築や動機づけが必要
な手法ともいえます。

3. 正の強化法

　正の強化法は，問題行動を減らしていく過程で，オペラント学習を
用いて代替行動を獲得させていく介入技法です。たとえば，2節の図
6-2のように立ち歩くことによって先生に助けてもらうことが結果刺
激として機能している児童の例で考えてみます。こうした児童に対し
ては，手をあげて質問するなどの代替行動を目標として定め，手をあ
げて質問できたときには，今まで以上に先生がほめたり，助けてあげ
るという方法で目標達成を目指すのです。

　この強化法には，行動を出現させるヒントであるプロンプトを出し，
行動を生起させてから強化する方法と，自然と出てきた行動に対して
強化するフリーオペラント法があります。これらの手法を臨床場面で
上手に用いるコツとしては，第1にただ単にほめればよいということ
ではなく，どのような結果刺激を付与することがそのクライエントに
とって望ましい刺激になるのかを丁寧にアセスメントすることが大切
です。また第2に，強化法の結果刺激となりうる強化子はクライエン
トにとって望ましければよいわけでもありません。強化子には，食べ
物やお金などのように生来的に強化力のある一次性強化子と，安心感
や満足感，達成感のように人との関わりの中で得られる二次性強化子
があります（山上，2007）。食べ物は飽和によって満足感が減退しま
すし，お金はインフレーションといって多くの額をもらわないと満足
できなくなっていきます。つまり一次性強化子は強化の価値が持続し

なくなる可能性があるので注意が必要です（鈴木・神村，2005）。さらに第3に，単純に望ましい行動を強化していけばよいわけではありません。2節の図6-2に示された児童が先生からの介入で「手をあげて質問する」という行動が維持されるようになったとき，「椅子に座って先生に質問する行動」は増え，「教室内を歩き回りながら先生に質問する行動」は減っていくように，状況を弁別して強化と消去を組み合わせていくことも必要です。このような手法を分化強化といっています。

　実際の心理面接の中では，セラピストとクライエントとの関係性が構築された後に，セラピストの反応自体が，クライエントの発言を促すことがあります。こうした現象も，正の強化法の1つととらえられるため，セラピストは会話すべてを意識的に進める必要があるのです。

4．シェイピング

　シェイピングとは，目標行動に向かっている行動を探して強化し，それが確実になったら，さらに少しだけ目標に近い行動に強化の対象を移して強化し，それを繰り返しながら目標行動の達成に近づくことをさします（山上，2007）。たとえば，靴下を自分ではけることが目標であった場合に，まず靴下のほとんどをはかせてあげて，かかとだけを自分で入れようとする行動を強化し，それができるようになったら，つま先だけをはかせてあげて，最後まではこうとする行動を強化する，といった流れで目標達成を目指すのです（第2章3節2．基本的な方法を参照してください）。

　実臨床場面において，クライエントや依頼者の動機づけが不十分であったり，目標が明確でないことはしばしばです。そのようなときに，些細なことでもすぐに変化が現れれば，クライエントのセルフエフィカシーを高め，変化に意欲的になると想定されます。このように，シェイピングはあらゆる場面で，心理面接に変化をもたらす目的でも活用することができます。

5．セルフモニタリング

　セルフモニタリングとは，治療場面でクライエントが自分の行動を観察し，記録すること全般をさします（坂野，1995）。一方で技法と

しては，クライエントが自分自身の行動を系統的に観察し，系統的に記録してデータを集め，それを自分で吟味し，さらに評価する過程をさしています（山上，2007）。

セルフモニタリングを用いる第1の目的としては，自分自身の問題を客観視したり，具体化する手段として用いることがあげられます。多くのクライエントは，自分の問題に巻き込まれ，混乱し，何に困っているか判断できていません。セルフモニタリングにより問題を行動レベルで把握することで，クライエントは自分が何を変容させればよいのかを少しずつ明確にしていくことができます。第2の目的は，治療による変化を客観視する手段とすることです。たとえば，問題行動の出現や目標行動の達成率を記録し，一緒にグラフ化すれば，視覚的にクライエントは変容を自覚することができ，セルフエフィカシーの向上につながります。当然セラピスト自身が治療効果を確認することができるのも利点です。さらに第3の目的として，セルフモニタリング自体が変容を促す可能性もあります。記録すること自体がクライエントに目標行動を思い出させるきっかけとなり，代替行動獲得の先行刺激になるのです。また実臨床場面では，記録したものをセラピストに見てもらえることや評価してもらえることが結果刺激としても機能し得るため，正の強化法と併用することで，さまざまな行動変容を促す手段となります。こうした意味でセルフモニタリングは，状況，思考，行動，気分の随伴性をクライエント自身が知覚できるよう促す方法論と言い換えることもできます。

6. 認知再構成法

認知再構成法は，エリス（Ellis, A.）の論理－情動療法，ベック（Beck, A. T.）の認知療法，マイケンバウム（Meichenbaum, D. H.）の自己教示訓練などによって体系化された技法です（山上，2007）。それぞれ使用するツールはさまざまですが，共通する手続きとして，まず考え方や思考パターンをセルフモニタリングし，続いて実験的な手法で偏った認知や思考を修正することで，より適応的な考え方を身につけることを目指します。たとえば，うつ病患者の場合には「どうせ私は誰からも必要とされていない人間だ」といったような悲観的な思考，パニック障害患者の場合には「窒息して，死んでしまいそうだ」

「誰も助けてくれない」などの破局的な認知が特徴的であるといわれています。2節でも論じたように，こうした思考や認知はルールとして行動を支配してしまい，随伴性学習を阻害してしまいます。結果としてうつ病であれば外出しなくなってしまったり，パニック障害であれば発作が起こりそうな場所を避けてしまうなど，不適応行動の獲得や維持につながるのです。そのためうつ病や不安症では，情動反応の消去手続きとともに，ルール支配の影響を弱める目的で認知再構成法が用いられています（松見，2007）。

　認知再構成法の具体的な手順として，たとえばパニック障害患者においては，まず「家で一人のときにパニック発作が起きたら，気絶してしまうかもしれない」などの不安を引き起こす思考をクライエント自身が自覚できるように練習していきます。次に，「そんなことは起こらない」「もしも起きても，呼吸法での制御をかなり練習したから大丈夫」などのように，代わりになる適切な思考を列挙していき，いつでも使える思考として準備しておきます（宮下・免田，2007）。このように面接を通してセラピストとクライエントが考え方のクセを共有し，変容させていくことが，不適切な回避行動の消去につながるのです。また「実際に一人で家にしばらくいる」ことにより，「一人で家にいても発作が起こらなかった」「発作が起こったけれど，練習した呼吸法でなんとかなった」などの体験をすることができれば，よりスムーズに思考や認知を変容させることができます。こうした行動実験とよばれる手法を用いて，適応的な認知の獲得を目指す場合もあります。

7．ソーシャルスキルトレーニング

　ソーシャルスキルは，対人関係を円滑に運ぶための知識や技術のことをさします。ソーシャルスキルトレーニングでは，このソーシャルスキルについて未学習または誤学習であると仮定して，適切な学習を促していきます（佐藤，2008）。具体的な手続きとしては，まず目標となる標的スキルを決定します。その後，以下の5つのステップに従って進めていきます。①スキル学習の大切さを伝える言語的教示，②指導者の見本によるモデリング，③ロールプレイの繰り返しによる行動リハーサル，④他の参加者や指導者からのフィードバックによる強化，⑤ホームワークとそのフィードバックによる般化・維持促進の

ための指導。つまりソーシャルスキルトレーニングは，2節で紹介したモデリングによる学習に基づいて，正の強化を促していく介入技法であるといえます。

8. 嫌悪療法

　嫌悪療法とは，オペラント学習により獲得された問題行動を正の罰によって消去する目的で用いられる介入技法です。正の罰とは，クライエント本人にとって望ましくない結果を与えることです。たとえば，アルコールや薬物などの物質依存症患者の場合，物質自体が先行刺激となって行動生起をもたらすと考えられるため，最初にとられる方法は，物質あるいはそれを想起させるモノが視界に入らないようにする刺激統制です。しかし，物質の摂取による開放感や多幸感などの快刺激が強力な結果刺激となり，行動の維持をもたらしているため，再発が非常に多いことが問題となっています。こうした悪循環を断ち切る目的で用いられるのが嫌悪療法であり，アルコール依存症患者であれば，飲酒後に強い不快感を生じさせる嫌酒薬を飲むなど，本人にとって不快な結果がともなうように操作することで，飲酒行動の低減を目指します。

9. タイムアウト法

　タイムアウト法は，オペラント学習により獲得された問題行動を負の罰によって消去する目的で用いられる介入技法です（鈴木・神村，2005）。負の罰とは，クライエント本人にとって望ましい結果を取り去ることです。たとえば，授業中に友だちと悪ふざけをしていた子が廊下に立たされるというのは，正の罰を与えられるという嫌悪療法と同等な側面もありますが，一緒に悪さをしていた子たちと一時的に引き離されるという点では負の罰と考えられます。つまりタイムアウト法は，「ゲームを取り上げる」「お仕置き部屋にとじこめる」など一般的にしつけとして取り入れられてきた技法ともいえます。

10. ハビットリバーサル法

　ハビットリバーサル法とは，習慣的な行為に対して代替行動獲得を目指す介入技法で，抜毛，チック，爪かみなどの治療に用いられます。

具体的な手続きとしては，習慣的行為と同時に生じ得ない行動（拮抗行動）として，「手のひらをギュッとにぎる」「脇をかたくしめる」などの人前でも目立ちにくい行動を練習し，習慣的行為が起こりそうになったときに拮抗行動を使うことを強化していきます。この技法を用いる際には，まず習慣的行為を生じさせる刺激や条件などをクライエント自身がよく認識しておく必要があります。そのため，先述したセルフモニタリングとの併用は欠かせません。

4節　心理臨床における学習心理学のさらなる応用

　これまでに述べてきたように，学習心理学に基づく心理臨床的な介入にはさまざまな技法が開発されてきました。いまもなお，新たな介入技法の開発が続けられているものの，技法を増やしていく段階は収束しつつあるという見方もあります。一方でⅠ節でも述べたように，心理臨床の場は格段に広がりつつあります。心理職が国家資格となった今，さらにその領域は広がっていくことが予想されます。そのような中で，セラピストとクライエントという枠の中だけでは，なかなか解決できないケースが増えてきているのも事実です。

　教育臨床の現場では，学習理論に基づいて間接的に介入していく手法として「行動コンサルテーション」という考え方が提案されています（加藤・大石，2004）。これは，実際にニーズのある担任教員や養護教員などのコンサルティ側が問題解決できるようセラピストが援助することで，間接的にクライエントの行動変容を促していくことを主眼においた方法論です。このような言葉では論じられていないものの，医療や産業の現場においても，同様の手法を用いて間接的に介入していこうとする心理臨床家が増えています。たとえば医療現場でニーズのあるコンサルティは，患者に対する強化子として機能しやすい主治医や，日常的に患者と接している看護師である場合がほとんどです。このような場合，突然現れて，出会う頻度も少ない心理専門職が直接介入するよりも，間接的に介入したほうが早くに効果が現れる可能性は高いと考えられます。また，産業現場でも同様に，うつ病で休職した従業員の復職支援をする際に，人事職や上司を通して間接的に支援することで，より職場に自然に戻っていくことができるのです。

このように，心理臨床の場では今後コンサルテーションが必要とされる場面が広がっていくことが予想されます。特に行動コンサルテーションは，加藤・大石（2004）で主張されているとおり，「行動」に着目することで他の職種と共通言語でクライエントの問題をとらえることができる点が最大のメリットです。こうした手法についても，各技法と同様に研究が蓄積され，効果がエビデンスとして示されていくことが理想的であるといえます。

現場の声 3

病気の子どもと家族を支える

　成長発達途上の子どもが病気になるということは，子どもの心や身体，また家族にも多大な影響を及ぼします。小児医療は，疾患自体の治療とともに，子どもの成長発達を支えるものです。子どもが疾病を克服あるいはコントロールして社会生活に復帰し，できる限り健常な状況で成長発達できるよう，多職種が連携しながら子どもや家族を支援することが求められます。ここでは，小児医療現場での心理士の活動や実際の介入例を紹介します。

● 医療処置に伴う痛みへの対応

　血圧測定，採血，点滴，骨髄穿刺や外科的手術など，医療処置には痛みを伴うものがたくさんあります。子どもにとって医療体験は不安や恐怖でいっぱいです。採血の度に泣き出す子，処置室に入りたがらなかったり，病室から逃げ出そうとする子，手術が怖くて眠れない日々を過ごす子など，多くの子どもたちがつらい治療や検査と闘っています。そこで，医療スタッフと協力しながら，モデリング（処置室や医療器具，処置の手順などを示し，パペットなどを用いてうまく対処できている様子を見せる），リラクセーションや系統的脱感作法，オペラント技法（検査や治療をがんばったことへの賞賛や報酬）などの行動的技法を用いて，子どもたちの不安や苦痛を和らげています。

● アドヒアランスの問題への対応

　服薬やインスリン自己注射，食事制限やリハビリなど，長期にわたる療養が必要とされる子どもたちにとって，自らの意志で治療や服薬などに積極的に参加するという，いわゆるアドヒアランスの問題は重要です。学校で薬を飲んだり注射を打つことを友だちにからかわれてつらい思いをした子，授業や部活で忙しく自己管理が疎かになる子，"病気の自分"を受け入れられずに療養行動を回避する子など，さまざまな理由で自己管理行動が阻害されることがあります。このような子どもたちに対して「治療で必要なことだからきちんとやりなさい」と指導するだけでは効果はありません。何が行動の妨げになっているのか，自己管理すること，あるいは，しないことで，どのような影響が生じるかについて，子どもや親と一緒に丁寧に整理します。そして，自己管理行動を妨げる刺激を取り除く，あるいは，促すような刺激を与える，行動した際に賞賛や報酬を与えるなど，学習理論に基づいた介入を行いながら，子どもたちが病気と上手につき合えるよう支援していきます。

107

● 家族も含めた総合的支援

　小児医療では，患児だけでなく，親やきょうだいも含めた「家族」を支援することが大切です。ここでは，症例を通して実際の取り組みを紹介します。

① 症例

　デュシェンヌ型筋ジストロフィーの8歳男児A。3歳のときに診断され，徐々に病気が進行。小学2年生になった頃から走ることが困難になり，歩行も不安定になっていた。学校ではおとなしく大きなトラブルはみられなかったが，自宅で頻繁に癇癪を起こすようになった。6歳の弟も情緒不安定になり，幼稚園に行きたがらなくなった。子どもたちへの対応で母親が疲弊していたため，医師から心理士へ依頼があった。

② アセスメントと介入

　母親の話から，Aの癇癪を標的行動として三項随伴性の枠組みで整理を行った。その結果，学校で友だちと同じことができなかったとき，身体が思うように動かないとき，母親がAの弟の世話をしているときに癇癪が生じること，一方で，体調がよいときや母親と2人きりで過ごしているときは癇癪が生じないことがわかった。また，癇癪が生じるとAに対する母親の関わりが増えることがわかった。さらに，母親自身もAの病気の進行に不安や恐怖，自責の念を強く抱き，Aにどう声をかけたらいいか戸惑っていること，弟を心配させないようにAの病気について伝えていないことなども明らかになった。これらの情報をふまえ，ケースフォーミュレーションを行った（図）。Aは病状の進行に対する不安や恐怖，悔しさから，生活の中で不自由さを感じたときに癇癪を起こし，母親との関わりが増えることで安心感を得ていると考えられた。そのため，Aが癇癪を起こしたときに関わるのを避け，落ち着

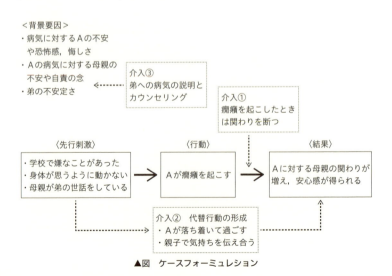

▲図　ケースフォーミュレション

いているときに，会話を通して不安や怒り，悔しさなど互いの気持ちを伝え合うことを提案。また，弟はＡの病気を知らないため，患児の目に見える変化や，親の注意が患児に向いていることに不安感や疎外感を抱いていると考えられた。そのため，親や医師と協力して，Ａの病気や家族に何が起きているのかについて弟に説明を行い，定期的に弟のカウンセリングも実施した。その結果，Ａの癇癪は減少し，弟も幼稚園に行ったり家族の手伝いをするようになった。また家族で不安や葛藤を話し合う機会も増え，悩みながらも家族で病気とつき合っていけるようになった。

　以上のように，小児医療における心理学的アプローチの果たす役割は大きいと考えられます。特に認知行動療法は，個人や集団内における問題や症状を"行動"という単位で具体的にとらえるため，医療現場で起きているさまざまな現象の整理や理解，具体的な問題解決に導くうえで有用です。家族，医療，教育，地域など多職種・多機関と連携し，病気の子どもや家族を総合的に支えていくことが求められています。

産業領域に活きる学習心理学の理解

現場の声 4

産業領域では，労働人口の低下などの背景もあり，従業員の休務（absen-teeism）の中でも特に長期化しやすいメンタルヘルス対策や，心身の不調をかかえて就業している従業員の生産性の低下（presenteeism）などが重要な経営課題となっています。これらは，心身の健康と深い関係があり，産業保健活動の中では，早期発見早期対処の２次予防だけでなく，１次予防，３次予防の観点も重要な視点となります。その予防活動を考える際のキーワードの１つは，日々の生活習慣の蓄積の観点であり，これらを改善するための介入対策を考える際に基盤となる考え方の１つが学習心理学といえるでしょう。

ここでは，産業保健活動に実務家として関わる心理職の立場から，学習心理学の有効性について個人と組織それぞれのアプローチについて考えてみることにします。産業領域で，個人の心身の健康を考える際に，基盤としてまず整える必要があるものとして，生活習慣があげられます。たとえば，睡眠，運動，食事といったような基本的な生活習慣は，私たちの生活の中で蓄積されてきた，「くせ」ともいえる学習の蓄積によって形づくられたものであると考えることもできるのです。この視点は身体面の健康との関連だけでなく心理面であるメンタルヘルスにも大きく影響します。

産業領域において，メンタルヘルス不調が生じている場合には，もちろん環境要因である長時間残業や職場での対人関係等によるストレスなども影響の大きい因子ですが，その環境に適応する過程において，基本的な生活習慣を保つことが難しくなったり，あるいは最初はリフレッシュのために始めたつもりの帰宅後のゲームやインターネットなどの習慣が不眠や慢性的な疲労につながる生活習慣になっていたり，以前は楽しめていた身体を動かしたりすることや仲間と会ったりすることを疲労や時間のなさからしなくなるなど，基盤となる生活リズムの変化や乱れが新たな生活習慣として定着し，蓄積される中で，メンタルヘルス不調が生じていることも少なくありません。

これらへの対策を検討する際にも学習心理学の理解をもっておくことは役に立ちます。たとえば，メンタルヘルスの不調で休職している従業員の支援において，職場復帰に向けて体調を整える際には，基本的な生活習慣の改善が重要な意味をもちます。休務中の生活を就業可能なリズムに整え，活動量を上げていくことはもちろんですが，休務前の働き方を見直し，復職後に再度体調を崩さない働き方を考えることも重要です。たとえば睡眠時間を確保できる生活リズムや，睡眠前のリラクセーションの時間，日記を書き自分の状況を客観的にモニタリングする習慣のような，職場復帰後の生活の中に

取り入れていけそうな内容を考え，それらを休務中から生活に取り入れ，復職後の生活の中でも続けていくことができれば，新しい生活習慣の獲得となり再発予防の対策の１つになります。もちろん，その際に，各人の得意・不得意や，職場環境や家庭環境などを考慮することはいうまでもありません。

　このような新たな生活習慣を日常生活の中に取り入れることは，簡単であったとしても，その後継続することは簡単ではありません。学習心理学の知見をもって，新たに取り入れる行動のきっかけとなるような刺激の工夫，新たに取り入れた行動が続いていくために行動した後に心身の健康に役立っている自覚や達成感，さらにはサポートなどを感じられる工夫などを考えておくことができれば，行動の継続可能性を高めることができるでしょう。

　また，組織という視点で考えると，職場で必要となるスキルに関しては，同僚の行動を観察学習しながら身につけていくことや，簡単な仕事から段階的に身につけていくといったような業務の細分化と各段階での達成感をもてる仕組みなど，学習心理学の知見を生かした取り組みがなされています。さらに，職場でのコミュニケーションなどについても，上司部下関係のコミュニケーションについて，行動分析の観点を活用したマネジメント研修なども行われています。行動分析の観点とは，部下の適切な行動がみられない場合には，上司からの働きかけ（刺激）が望ましくない行動を引き出している，と考えるというようなものです。

　具体的にいうと，たとえば上司と部下の関係においても，関わりがもちやすい部下との間ではコミュニケーション量が多く，関わりにくい部下との間ではコミュニケーション量が少なくなるといったことがあります。このことは，刺激と反応の随伴関係から考えると，部下からみたときの評価者である上司からのはたらきかけの量の個人差が大きく異なることを意味しており，部下の行動に影響を与える一因と考えられます。このような場合には，たと

えば，話しかけている回数をカウントして，部下全員に同じだけ話しかける
ようにすると，部下からみた刺激の量が一定化して，組織の公平性を感じら
れる風土であると部下が感じやすいといったことにもつながる可能性があり
ます。

　また，上司は給与など金銭的報酬にもつながる評価者を兼ねていることか
ら，ほめるということが部下の適切な行動を増やすうえで機能しやすいと考
えられます。したがって，日常的に一人ひとりの部下について，どのような
声がけをするとほめられていると感じられるのかといったような個人差のモ
ニタリングが不可欠であり，このような内容を管理職研修の中で扱うことも
あります。

　以上のように，産業領域においても，生活習慣改善などの個人アプローチ
から職場環境改善につながるような組織アプローチまで，学習心理学の活用
範囲は大きく，その理論的枠組みを知ったうえで，職場での応用の可能性を
考えることによって，心身の健康の維持増進に大きく貢献できます。

第7章
学習指導と学習心理学

　学校の先生方に「私は心理学の理論を生かして，有効な学習指導の方法や勉強方法を研究しています」と言うと，「えっ？　心理学と学習指導？　勉強？　どう関係するんですか？」と驚かれることがあります。どうやら「心理学＝カウンセリング」という印象を抱いておられるようです。そこでこの章では，学習心理学の研究が授業や勉強とどう関連するのか説明します。

　さて，教師には2つの仕事があります。1つは，児童生徒の学習を支援することです。もう1つは児童生徒の学習を評価することです。1つ目については1〜3節で，2つ目については4節で取り上げます。またこれらは教師の仕事であると同時に，児童生徒が上手に勉強するためのコツともつながります。

1節　長期記憶にするための学習方法

　本書の第3章では記憶のプロセスが解説されています。記憶は短期記憶と長期記憶に区別されます。何かを学習するということは，情報を長期記憶にすることだといえます。

1．授業と処理水準

　第3章で紹介された「記憶の処理水準説」を学習場面に当てはめる

と，「教材に対してどういう処理をするか（どのように読んだり考えたりするか）によって，どう記憶されるかが決まる」といえます。

- 教材をただ声に出して読むだけの浅い処理では，短期記憶で終わる。
- 教材の意味を理解すれば，意味理解の深さに応じて長期記憶になる。

ということです。

　しかし授業では，浅い処理にとどまっている場面も見かけます。たとえば，授業の冒頭で「めあて」を音読したり，算数の公式を音読したりすることがあります。元気に音読できていても，学習ができているとは限りません。

2．勉強方法がわからない

　学校ではしばしば，「声に出して繰り返す」とか「繰り返し書く」といった方法が使われます。漢字や九九，英単語や歴史年号などは「繰り返して暗記するしかない」と考えている人も多いと思います。

　けれども，こうした勉強を続けるうちに，「勉強とは繰り返すこと，丸暗記すること，数をこなすこと」といった発想（学習観）を身につけてしまうことが心配されます。それでも小学校では何とかなるかもしれませんが，中学校にあがった途端に，ついて行けなくなってしまいます。ベネッセ教育総合研究所が 2014 年に行った調査では，勉強に関する悩みが中学生になると急増するという結果が得られています（図 7-1）。

　図 7-1 にもある「上手な勉強のやり方」について考えてみましょう。吉田・村山（2013）は，学習心理学の専門家と中学生に数学の学習方法を 21 通り示し，その有効性を判断してもらいました。すると専門家と中学生の間に大きな食い違いがあることがわかりました。専門家が有効だと考えているのに，中学生はそう考えていない方法（例：自分の身の回りにあるものや，日常生活と結びつけながら勉強する）や，反対に，専門家は有効だと考えていないのに，中学生は有効だと考えている方法（例：教科書，ノート，参考書に書いてある重要語句，重要事項，定理，公式などを，ノートやカードなどに書き写す）がいくつもあったのです。

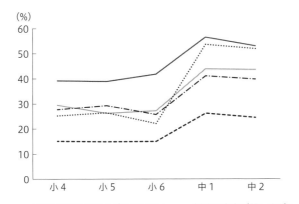

▲図 7-1　勉強の悩み（ベネッセ教育総合研究所，2015 をもとに作成）

　実は大学生も，上手な勉強方法をわかっているとはいえません。筆者はゼミの学生と一緒に，大学生 123 名に，大学の定期試験に備えてどう勉強しているかを問う調査を実施しました（鴨井，2017）。10 個の選択肢を提示してよく使う方法を 5 つ選んでもらいました。表 7-1 には上位 3 位までに選ばれた率を示しています。「テキストにアンダーラインを引く」「テキストを繰り返し読む」「概要を書いたり要約したりする」が圧倒的に多く，他の方法を大きく引き離していました。けれど実は，大学生が選択しなかった中に，もっと効果的な方法があるのです。

▼表 7-1　大学生の学習方法（鴨井，2017）

項　目	選択率（%）
テキストにアンダーラインを引く	74.8
テキストを繰り返し読む	71.5
概要を書いたり要約したりする	65.0
図や表にまとめる	24.4
テキストの内容を思い出してみる	21.1
自分の生活や経験に当てはめて考える	11.4
辞書や本やインターネットなどで調べる	8.9
テキストをそのままノートに写す	8.1
自分で問題を作って解いてみる	5.7
友だちにテキストの内容を説明する	4.1

第 7 章　学習指導と学習心理学　　115

3. 教え手学習効果

　筆者は授業をしていて時々，「あっ，そうか！」とひらめくことがあります。そんなときは慌てて授業を止めて，ひらめいたことをメモします。読者の中にも，人に説明しているうちにひらめいたり，頭の中が整理されたりした人がいるでしょう。しかし先ほどの調査（表7-1）では，「友だちにテキストの内容を説明する」という大学生はわずかに4％でした。

　伊藤・垣花（2009）の研究では，大学生に統計学のテキストを学習してもらいました。そして，①テキストの内容を他者に対面して説明する，②テキストの内容をビデオに向かって説明する，③テキストをまとめる（ただし説明はしない），という3条件を設けて，学習後のテスト成績を比較しました。すると他者に対面して説明した①条件の成績が最も優れていたのです。このように他者に教えることで，教えた側の学習が促進される効果は，「教え手学習効果」とよばれています。

　ただし，相手に向かって一方的に説明すればよいわけではありません。伊藤らの研究では①の条件で，教え手と聞き手のやりとりを分析しました。すると，聞き手が「わからない」という様子を示し，それに応じて説明を加えることで，教えた側の理解が深まることがわかりました。他者への説明を理科学習に取り入れている森田（2006）は，その効果を上げるポイントとして，話し言葉でなく書き言葉で説明する，仲間ではなく他人に説明する，言葉だけでなく図なども使う，自分の図や言葉を考えたり見直す時間を保障する，他者との交流がある，質問を受ける場を設定する，という6点をあげています。

4. 自己説明効果

　目の前の相手に説明するのではなく，自分で自分に説明することでも学習が促されます。これは「自己説明効果」とよばれています。たとえばチーら（Chi et al., 1994）の研究では中学生に，心臓や血管について学習させました。パソコンの画面上にテキストが1文ずつ提示され，中学生は，それぞれの文のどこが新しい内容なのか，前の内容とどうつながるのか，自分が新たに理解できたことは何か，といったことを考えながら読み，考えたことを声に出すように求められました。

たとえば次のような読み方です。

> テキスト：隔膜は心臓を縦に２つに分ける。右側は血液を肺に送り出
> し，左側は血液を体のその他の器官に送り出している。
> 生　徒：隔膜が分けているから，血液が混ざらない。それで右から
> は肺に，左側からは体に。だから隔膜は心臓を２つに分け
> る壁みたいなもので……分けているから，血液が混ざらな
> い。

　この方法と比較するために，自己説明は行わずにテキストを繰り返し読むだけの条件も設定されました。学習後のテスト結果は，自己説明した中学生のほうが，繰り返しテキストを読んだだけの中学生よりもよかったのです。ただし効果的な説明とそうでない説明があります。チーらの研究で説明の内容を詳しく検討すると，テキストに書かれていることを単に繰り返すだけの説明と，書かれていないことを自分で推論したり具体例を考えたりする説明（上の例だと「血液が混ざらない」「壁みたいなもの」）がありました。そして後者の説明が多い方が，テキストの理解度が高かったのです。

　深谷（2016）は生物学を学ぶときに，システムの構成要素の仕組みと機能に着目することが有効だと考えました。たとえば循環系というシステムでは，心臓弁という構成要素が，血流に合わせて開閉するという仕組みによって，血液の逆流を防ぐという機能を果たしています。大学生や中学生を対象とした研究で，仕組みと機能に着目して，「どのように」「なんのため」と考えながら読むことでテキストの理解が深まり，自己説明効果が大きくなることがわかりました。

　学校では「自分の言葉で説明しましょう」という指示がよく出されますが，「どう言えばいいかわからない」という児童生徒もたくさんいます。そこで深谷（2016）の研究のように，どう説明すればいいのか教えることが必要になります。それだけでなく教師が手本を示したり（Stark et al., 2002），適切に説明できている児童生徒の様子をとらえて「こんなふうにするといいよ」とクラス全体に伝えたりするといった工夫も大切です。

第７章　学習指導と学習心理学　117

5. テスト効果

　勉強の途中に自分で思い出してみるというステップをはさむと，最終テストの成績が上昇します。これは「テスト効果」とよばれています。冒頭に紹介した調査（表7-1）では，これも大学生にあまり知られていない方法でした。

　ローディガーとカーピック（Roediger & Karpicke, 2006）の研究では，大学生にラッコの生態を解説した260語程度（日本語では約1千字）のテキストを学習させました。大学生はまず，テキストを5分間読みました。その後は3つの条件に分けられました。SSSS条件の大学生は，同じテキストをさらに3回繰り返し読みました。SSST条件の大学生は同じテキストをさらに2回読み，その後でテキストの内容を自分で思い出して書き出しました。STTT条件の大学生は，テキストを読み直すことはせず，思い出して書き出すことを3回行いました。3つの条件のSはStudy，TはTestを表しています。以上の手続きの最後に，1週間後のテストでどれだけ思い出せそうか，自信を自己評価させました。

　5分後あるいは1週間後に，テキストの記憶テストが実施されました。その結果，5分後のテストでは，SSSS条件やSSST条件の成績がよかったのですが，1週間後には逆転し，STTT条件が最も優れてい

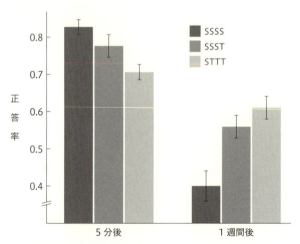

▲図7-2　テスト効果（Roediger & Karpicke, 2006）

たのです（図7-2）。面白いことに，1週間後のテストに対する自信度は，SSSS条件の大学生が最も高い自己評価をしていました。繰り返し読むほど「これで大丈夫！」という自信が強くなるようですが，意外と効果が小さい学習方法だとわかります。思い出そうとすることは，繰り返し読むよりも頭を使うのでしょう。また，最終的なテストに備えて「思い出す」練習にもなります。

2節　学ぶ―振り返る―生かす

　ここまでは説明やテストにより，学習内容の理解が深まり，長期記憶になるということを述べてきました。しかしせっかく学んだことも，次の学習や新たな問題に生かされなければ，「宝の持ち腐れ」になってしまいます。

1．学習を振り返る

　授業ではしばしばワークシートが使われます。ワークシートの隅っこに，「ふりかえり」という欄が設けられ，授業の終了間際に教師から，「じゃあ『ふりかえり』書いて」という指示が出されることが多いようです。「〜がわかった」という学習内容の確認が書かれることが多いのですが，「がんばった」という感想で終わる児童も少なくありません（太田・岡崎，2015）。

　児童生徒の振り返りを深めるにはどうすればよいでしょうか。「新しくわかったこと」「明日からの勉強にも使えそうなこと」「どう考えて解いたか」など，振り返りの観点を教師が明示することが大切です。堀ら（2014）は家庭学習の1つである自主学習ノートで，「授業の一番大切なこと」を書く方法を提案しています。これも振り返りの観点を示した一例です。また「自己説明効果」で述べたのと同じように，振り返りのモデルを示したり，そのモデルのどこがよいのか解説することも大切です。

2．振り返って生かす

　さらに，授業時間の最後に振り返っておしまいにするのではなく，振り返ったことを次の機会に積極的に生かすような授業計画が大切で

す。教師が前後（前の時間と次の時間，前の単元と新しい単元，前の学年と今の学年）の関連をとらえて計画し，前に学んだ内容を思い出して確認する，そしてそのことを生かせば新しい問題もうまく考えられる，といった授業を組み立てるのです。これにより，「学ぶ−振り返る−次に生かす」習慣が定着することが期待できます。1つの学習経験を次に生かすことは「転移」とよばれ，人間が適応的に生きるために必要な学習です。また，自分の学習を振り返り次に生かせる情報を引き出す活動は「教訓帰納」とよばれ，有効な学習指導方法であることがわかっています（植阪，2016）。

　ある問題に直面したとき，それと似た問題を思い出し，その類似性に基づいて問題を解決することを「アナロジー推論」といいます。アナロジー推論の研究から，初学者は問題の本質的な類似性ではなく，表面的な類似性に着目しやすいことが指摘されています（Chi et al., 1981）。また，ヒントになる情報が目の前にあっても，それに気づかないことも知られています（Gick & Holyoak, 1980）。教師の作成する指導案にはしばしば，「既習事項を想起させる（おさえる，ふまえる）」と書かれます。しかし，児童生徒が自発的に既習の内容を想起して生かすのは，相当難しいことです。最初は教師の側から，思い出すための手がかりを示したり，前の「ふりかえり」を確かめたり，前の問題や解き方そのものを示したりして，それらを生かすように方向づけることが必要でしょう。そのうえで，次第に児童生徒が自分で問題の類似性に気づき，前の学習を生かせるようにしていくことが望まれます。

　筆者はさらに，表面的な類似性にとらわれずに，領域や教科の壁を越えて，前の学習が次に生かされることを期待します。たとえば国語の授業では説明文を読んで，その構成（はじめ−なか−おわり，問い−答え，など）を学びます。すると次に，その構成を使って自分で説明文を書くという学習ができます。さらに，社会科でも理科でも，自分が調べたり考えたりしたことを説明する機会はたくさんあります。国語で学んだ構成をさまざまな教科に生かすことは，特定の教科に限らず，筋道立てて論理的に書く力を育てることにつながるでしょう。

120

3節　アクティブ・ラーニング

　「アクティブ・ラーニング」という言葉が教育現場に定着してきました。児童生徒がアクティブ（能動的）に考えることは，深い処理を行うことであり，学習を深めると期待できます。1節と2節で紹介した研究はいずれも，児童生徒のアクティブな思考が学習を促進することを示しています。

1. なかなかアクティブにならない

　アクティブ・ラーニングは，教師による一方的な授業と対比的にとらえられることが多く，「教師が教えるのではなく，児童生徒の対話やディスカッションを中心にした授業」というイメージをもつ人は多いでしょう。しかし「対話やディスカッション」という形態をとれば，自ずと児童生徒の思考は深まるのでしょうか。そううまくはいきません。

　平成29年度の全国学力・学習状況調査を見てみましょう。小学校に対して問うた質問の1つに「児童は，学級やグループでの話し合い活動などで，自分の考えを深めたり，広げたりすることができていると思いますか」というのがあります。そして6年生児童にも，「学級の友だちとの間で話し合う活動を通じて，自分の考えを深めたり，広げたりすることができていると思いますか」と問いました。小学校と児童の回答を組み合わせて整理したのが，表7-2です。これを見ると，学校側は「児童は話し合い活動を通して考えを深めたり広げたりできている」と思っていても，児童の約30％はそう思っていないことがわ

表7-2　話し合い活動で考えを深めたり広げたりできているか　学校と児童の意識
（国立教育政策研究所，2017をもとに作成）

		「そのとおり」「どちらかといえば」と回答した小学校における児童の回答割合（％）			
		そう思う	どちらかといえばそう思う	どちらかといえばそう思わない	そう思わない
小学校の回答	そのとおりだと思う	30.6	41.1	21.6	6.5
	どちらかといえば，そう思う	27.5	41.4	23.7	7.1

かります。中学校でも同じ傾向が示されています。

2. アクティブになるために

　社会心理学の研究からは，人がたくさん集まるほど，一人ひとりがいつの間にか手を抜いてしまうという現象が知られており，「社会的手抜き」とよばれています。教室でも，「自分が発言しなくても，グループとして何か1つ答えが出ればいいや」と思ったのでは，アクティブとはいえません。そうならないためにも，一人ひとりが自分の考えをもてる，全員が自分の考えを提案できる，児童生徒どうしの話し合いを深めるよう教師が介入する，といった授業の工夫が大切でしょう。こうした授業を重ねることで，次第に「誰の考えも欠かせない」「誰の意見も検討に値する」「不十分な考えでも互いのやりとりを通じて深められる」といった価値観がはぐくまれることが期待されます。

　実は「アクティブ・ラーニング」という表現が使われるずっと前から，児童生徒どうしの交流を通した学習は「協同学習」という名称で研究されてきました（杉江，2011）。アメリカでこうした研究をリードしてきた研究者に，デイヴィッド・ジョンソン（Johnson, D. W.）とロジャー・ジョンソン（Johnson, R. T.）という兄弟がいます。彼らの著書『学習の輪』の翻訳版表紙には，次の言葉が記されています。

> 　われわれは他人との上手な相互交渉の仕方を生まれつき身につけているわけではない。質の高い協力をするのに必要な社会的技能は教えられなくてはならないし，それらを利用するように動機づけられなくてはならない。(Johnson et al., 1984／杉江ら，1998)

　ここにはアクティブ・ラーニングを実現する2つのポイントが示されています。1つは「協力の仕方を教える（学ぶ）」ということです。小学生では「協力して」とか「手分けして」と指示されても，うまくできないことがあります（有馬・中條，2012）。そうした場合には，協力の仕方を具体的に教えることが必要です。たとえば「グループになって意見を出し合いましょう」ではなく，「時計回りに1人ずつ意見を言いましょう。順番を飛ばしたり，他の人の話を邪魔してはいけません」などと指示するのです。

もう１つは「動機づけ」です。簡単すぎる課題，難しすぎる課題，関心がもてない課題を出されて，「さあ協力して！」と励まされても，その気になれません。他の人の考えを聞きたい，自分の考えを聞いてほしい，１人では難しいけれど一緒にやれば何とかなりそうだ……こう思える課題が大切です。

4節　学習の評価

「評価」というと「テスト」や「順位づけ」という印象をもつ人は多いと思います。しかし評価は単に，学力をテストの点数で表し，児童生徒を順位づけるだけのものではありません。教師にとって評価は，児童生徒の学習状況を把握し，自分の授業を振り返り，授業改善のヒントをつかむ機会になります。児童生徒にとっても評価の意味はさまざまです。「テストがあるから仕方なく勉強する」という人もいれば，「テストで自分の理解度を確かめる」「テストを生かして計画を立てる」というテスト観をもつ人もいるでしょう（鈴木，2012）。

1. 評価のタイミングと役割

評価にはさまざまな役割があります。１つの評価だけでは，すべての役割をカバーできません。評価のタイミングによって評価方法を整理しましょう。

１つの単元や学期が終わった後のテストは「総括的評価」とよばれます。学習の成果を，その目標と照らして評価するのに使われます。普通「評価」というと，これを指す印象が強いのですが，テストだけが評価ではありません。また評価は学習の後だけで行うものでもありません。

たとえば三角形の面積の求め方はどう指導すればよいでしょう。児童は三角形の前に学んだ長方形や平行四辺形の面積を利用して，三角形の面積を求め，その公式を考えます（図7-3）。このことを学習するには，あらかじめ長方形や平行四辺形の面積の求め方が理解できていなければなりません。そのために，新しい学習に入る前に必要な知識や技能が習得されているかどうかを評価する必要があります。このような評価を「診断的評価」といいます。

第7章　学習指導と学習心理学　123

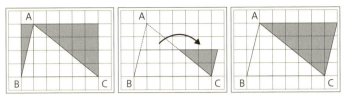

▲図7-3　長方形や平行四辺形をもとに三角形の面積を考える（教育出版『小学算数5』平成26年検定済）

また，授業を行っている途中でも教師は，児童生徒の発言，ノートやワークシートへの書き込みなどを見て，評価します。そして児童生徒がつまずいていると判断した場合には，授業のプランを修正したり，つまずいている児童生徒を支援したりします。このような評価を「形成的評価」といいます。

2. パフォーマンス評価

近年，従来の客観テストとは異なる評価方法が提案されてきました。たとえば，授業で学習した事柄を生かして，実生活で直面するような課題に取り組ませるような評価方法です。こうした評価方法は「パフォーマンス評価」とよばれ，そのための課題を「パフォーマンス課題」といいます。次にあげるのはパフォーマンス課題の一例です。

- 国語で文学作品を読み，その魅力を伝えるリーフレットを作成する。
- 家庭科で栄養バランスを考慮した献立を考え，調理する。
- 社会科で自分たちの住む地域について，よりよい地域づくりの提言をする。

パフォーマンス評価が導入された背景には，学校でのテストには作為的な側面があり，そこで高い成績をおさめても，実生活で生きて働く力になっていないのではないかという批判がありました（田中，2005）。パフォーマンス課題に取り組むことで，生きた学力が育つことが期待されます。ただし授業の中にこうした課題を組み込むには注意が必要です。第1に，児童生徒にとって現実的な課題となっていることです。「よりよい地域づくりの提言」はどうでしょうか？　第2に，パフォーマンス課題は学習の目標を達成するための道具です。パ

フォーマンス課題を行うこと自体が目的になってはいけません。第3に，パフォーマンス課題は相当高度な課題であり，それまで学んだ知識や技能を総合して取り組むことが必要です。逆にいうと，最終的なパフォーマンスに至る以前に，そこまでの学習が確実に行われていなければなりません。

3. 評価の工夫

　評価は学習を促したり励ましたりするものであってほしいと思います。事実，評価に工夫を凝らすことで，児童生徒の学習が変わることもあるのです。

(1) フィードバック

　評価結果を返すことを「フィードバック」といいます。点数を知らせるだけでなく，どこが間違っているのか，どこがよく書けているのかといったことも添えると，児童生徒が今後の学習に役立てることができるでしょう。フィードバックまでの間に時間があくと，児童生徒にとっては「はぁ？　こんなのしたっけ？」といった状態になってしまいます。ですからできるだけ早くフィードバックすることも大切です。小まめに評価して小まめにフィードバックすれば，つまずきを素早く発見して修正できます。

　しかし教師からのフィードバックばかりだと，児童生徒は教師に頼り切ってしまいます。そこで，なぜ自分が間違えたのか考えさせたり，正答と誤答を並べてポイントに気づかせたりするという活動を取り入れることも有効です。これは一種の教訓帰納でもあり，自律的な学習を促すことが期待できます。

(2) 評価基準をはっきり伝える

　教師は各教科の目標に即して，「〜できてほしい」と願って，授業に取り組んでいます。この「〜できる」ということが，評価の基準になります。それなら基準，言い換えれば「どういうことができてほしいか，できることが大切か」を，積極的に伝えてはどうでしょうか。北尾 (2011) は評価基準を「わかりやすく書き直して示せば，子どもたちの学習の羅針盤にもなり，自ら学ぶ子どもに育てることができます」

第7章　学習指導と学習心理学　125

(p. 117) と述べています。基準は児童生徒が自分の学習状況を判断する目安になります。基準を伝えることは，児童生徒が自分の学習を見つめる力（メタ認知）を育てることにつながります。

　鈴木（2011）は中学校2年生を対象として，数学（連立方程式）の実験的な授業を5日間実施しました。毎回の授業の最後に確認テストを実施し，次の授業の冒頭にはテストを返却し見直す時間を設けました。その際，評価基準（0〜5点で，たとえば「3点　2つの式をたてているが，どちらか一方の式に誤りがある」）を添えて返却して見直しをさせたのです。すると生徒たちは，「テストは自分の力を調べるためのものだ」といったテスト観や，「もっと難しい文章題を解いてみたい」といった内発的動機づけが高まりました。さらに授業中には，暗記ではなく意味を理解しようとする学習方法が増えました。そして最終日の総合テストでも高得点をおさめたのです。

　テストでなくても評価基準を示せます。鈴木ら（2015）は小学校6年生の国語の授業で，学校生活の課題をあげて解決策を提案する意見文を書かせました。優れた意見文にするために，①そうした課題が起こった理由や原因を自分たちの体験や資料をもとに書く，②同じような課題を他の学校ではどう解決しているか調べて書く，という指導をしました。児童はまず構成メモを作り，それを友だちと交換して推敲し合いました。この時，「課題がはっきりしている」「理由や原因や他での取り組みは，提案や意見をわかりやすくしている」といった基準を示しました。この基準は学習活動と直結した非常に具体的なものです。「こういう作文が書けてほしい」という目標，その目標に向かっての学習活動，児童自身が自分で評価できる具体的な基準，これらが一体となって充実した作文指導が展開されました。

（3）テスト方法を変える

　評価基準を示すということは，何が大切かというメッセージを児童生徒にはっきりと伝えることになります。一方，テストの方法が暗黙のメッセージを伝えることもあります。

　村山（2003）は中学2年生を対象に，世界史の実験的な授業を5回にわたって実施しました。授業は毎回35分で，その後5分間の復習時間をはさみ，最後に10分間の確認テストが実施されました。ここ

で，記述式テストを行うクラスと，空欄補充式テストを行うクラスに分けたのです。そして，授業中や復習時間にどういう学習方法を用いていたのかを調べました。その結果，記述式テストを受けた生徒たちは，「事件や出来事の内容を理解する」「大きな流れをつかむ」といった意味理解を重視していたこと，反対に空欄補充式テストを受けた生徒たちは，「難しい言葉や内容は理解せずにノートに丸写しする」といった丸暗記型の勉強方法を用いていたことが明らかになりました。テスト方法が「理解が大切だよ」あるいは反対に「丸暗記しかないよ」というメッセージを伝え，生徒がいつの間にかそれに応じるようになったと思われます。

　普段の授業で内容理解を重視しても，テストが空欄補充や一問一答形式ばかりでは，「なんだ，結局は答えが出ればいいじゃん」「丸暗記しかないでしょ」というメッセージを与えかねません。そうならないために，「考えた理由まで書く」などテスト方法を工夫するとよいでしょう（植阪・床，2012）。

　いかがでしたか？　「心理学を生かすと授業に一工夫できそうだ」「自分の勉強方法を考え直してみよう」と思っていただけたでしょうか。
　筆者は現在，教職大学院で研究と教育に携わっています。ここには30〜40歳代の教員と，学部を卒業したばかりの若い人が入学してきます。院生は1年目は心理学や教育学などの理論を学びます。そして2年目には現場で，理論を生かした授業実践に取り組みます。私たち指導教員は，1人の院生の実践を年間20回以上参観し，一緒に授業をつくっていきます。現場の声5〜7では，小中学校の先生方が学習心理学の理論を生かして授業に一工夫したケースを紹介しています。

> ## 現場の声 5
>
> ## 授業はカレー。理論がルウで，実践知が具。
> ## 煮込むほど美味しくなる

　筆者は「授業はカレーみたいなものだ。理論がルウで，実践知が具。煮込むほど美味しくなる」と考えています。ルウを湯に溶かしただけでは美味しいカレーはできません。具だけを煮込んでも，ルウがなければ味が締まりません。ルウと具を時間をかけて煮込むほど，美味しいカレーができあがります。このことを中学校国語を例に紹介しましょう。

　文章（テキスト）を読む際に，児童生徒はしばしばボンヤリと，あるいはサクサクと読み飛ばし，それでわかったつもりになっていることがあります。テキストを適切に読むためには，時々立ち止まって，この言葉はどういう意味で使われているのだろう，なぜ主人公はこう言ったのだろう，などと考えてみることが大切です。これは「質問生成方略」と呼ばれます。こうした読み方をすると読解が深まるというのが，ルウにあたります。

　A先生はこのルウを中1の授業に取り入れました。しかし「質問を考えましょう」「質問を出し合いましょう」と指示するだけでは，必ずしも適切な質問は出てきません。そこで次のように具を入れて，1年間，煮込みました。

①慣れないとどう質問すればよいかわかりません。また反対に，あまりに多様な質問が出ると収拾がつかなくなります。そこでいくつかの教材文を検討して，「どうして○○のか？」「○○とは何か？」という2タイプだけでも，十分に読解を深める質問ができるということを確認しました。

②生徒が質問を書き込みやすいように，テキスト本文の行間を十分あけたプリントを用意しました。生徒は疑問に思った箇所に線を引き，その横に「どうして○○のか」「○○とは何か」と書き込むようにしました。

③いきなり長い文章に取り組むのではなく，まず小学校6年生の物語文教材で，質問生成の練習をしました。

④生徒の質問を重視するあまり，最初はすべての質問を取り上げようとしました。しかし「『どうどうめぐり』とは何か」のように辞書で調べればすむ質問や，「どうしてツルの群れはイン

> しばらくの間，雨がやんだことに気づかなかった。
>
> どうして○○のか
>
> 具体的な形になっていないもやもやが，いくつもあった。
>
> ○○とは何か

ドに向かうのか」のように主題とは関係ない質問も出ました。そこでグループ活動で質問を取捨選択させました。グループからの質問は黒板に貼り出して，似たものや関連するものをまとめました。

⑤反対に読解のポイントとなる質問が出てこない場合には，生徒から出た質問に関連づけたり，「他のクラスからこんな質問が出たんだけど……」と言ったりして，教師から適切な質問を提示しました。

⑥途中から，質問を付箋に書き込ませるようにしました。グループ作業のときには個人用のプリントを拡大コピーしたものを用意して，個々人の付箋をそこに貼り付けさせました（写真）。これでどこに質問が集中しているか，あるいはどれが1人の生徒だけから出てきたユニークな質問か，一目瞭然です。

⑦文学的な文章では，比喩や情景描写を解釈することで読みが深まります。しかしこうしたことは教わらなければ意識しませんし，質問にも反映されません。そこで教師から比喩や情景描写に着目することの重要さを教え，「どうして○○のか」「○○とは何か」の他に，「○○とは何を表しているのか」「○○とはどんな気持ちを表しているのか」という質問もつくるよう促しました。

こうした実践を続けるうちに，次第に生徒から，読みを深めるポイントになる質問が出されるようになりました。さらにそのことが，生徒が主体的・意欲的にテキストと向き合う原動力にもつながりました。

現場の声6

小学校5年生，勉強に悩みはじめる

　S先生は小学校5年生を担任しています。児童の実態を調べるために4月に，勉強に対する悩みを10項目あげて，自分に当てはまるものを選ばせました。すると「どうしても好きになれない教科がある」は72%の児童が選択しましたが，「テストでよい点数がとれない」は19%，「授業の内容が難しすぎる」は25%という具合に，悩みが少ないという結果になりました。では児童は悩みがないくらい熱心に勉強に取り組んでいたのでしょうか？そうではありません。勉強に真剣に取り組んでいないから，悩むことも少なかったのです。たとえば「上手な勉強のやり方がわからない」という項目について何人もの児童から，「これって，どういうこと？」という質問の声があがりました。どうやら，勉強にはやり方があるという意識がなかったようです。

　そこでS先生は国語の授業を使い，勉強には上手なやり方（コツ）があること，それを使えば難しい問題も自力で解決できるようになることを教えようとしました。先生が特に力を入れたのは，説明文の読み方です。心理学では「読解方略」といいますが，児童には「読み方のコツ」という表現で伝えました。さまざまなコツをB6判のカードに印刷して，それを1冊のファイルに綴じ，児童一人ひとりに持たせました。たとえばこんなカードです。

コツ7　『中心となる言葉や文』を見つけよう
　中心となる言葉（キーワード）とは：文章を読むときに，手がかりとなる言葉
　▶目のつけどころ
　　①題名に出てくる言葉やそれにつながる言葉
　　②問いの文に出てくる言葉やそれにつながる言葉
　　③くり返し出てくる言葉

　授業では最初に，たとえば「筆者の考えの進め方をとらえる」といっためあてを示しました。そのうえで，「コツを生かして各段落をまとめることができる」という具体的な評価基準を示しました。この基準を達成するために児童は，コツのカードを手元で開いて，説明文を読んでいきました（写真）。児童には「くり返し出てくる言葉」「題名にある言葉」を□（四角）で囲むことを指示しました。これでキーワードが一目でわかります。さらにキーワードをつなげて「○○は△△だ」とすると要点がまとまることを教えました。自力でまとめることができた児童からは，「なんだ，簡単じゃん」という声もあがりました。

　このように，学力が低い児童でも具体的な活動として取り組め，「こうすればいいんだ」という意識をもてるように工夫しました。こうした授業を1年間通して継続して児童は，

- 問いの文を見つける（文のはじめの「どのような」「どうして」に注目する）
- 答えの文を見つける（「どうして〜」と聞かれたら，理由を表す言葉を見つける）

など，多くのコツを身につけました。

　児童が説明文を読み取る力は次第に伸びていきました。教科書以外の文章を使った単元テストの成績は，1学期は平均 59.5 点だったのが，2学期末は 70.3 点，そして3学期には 80.1 点と伸びたのです。

　それだけでなく児童は他の教科でも，勉強方法（コツ）を意識するようになりました。算数で多角形の内角の和を求める学習では，自分でコツを考えて「多角形を三角形に分ける」などと書き込んでいました。また外角を求める問題で間違いが多い児童は，「180°から引くのを忘れない」などとノートに書き込んでいました。有効な教訓帰納になっています。

　ところで，4月に実施した調査を 11 月に再度実施したところ，勉強に対する悩みは増えていました。「知恵が多くなれば悩みも多くなり，知識を増す者は悲しみを増す」……旧約聖書の言葉のとおりだと思います。

小学校3年生，算数の考え方を説明し，次に生かす

現場の声7

T先生は小学校3年生を担任しています。算数の授業で，数学的な考え方を理解して次に生かせる児童を育てたいと願い，そのために説明活動を授業に取り入れました。しかし最初のうち児童は，自分の考えを説明できませんでした。そこで説明活動に，次のようなさまざまな工夫を凝らしました。

①いきなり新しい問題や難しい問題を出すのではなく，既習の考え方を使えば解ける問題を導入に用いました。

②問題に取り組みやすいように，既習の考え方を掲示していつでも見られるようにしました。

③「図や式だけでなく，頭の中で考えたことが他の人にも見えるように，ノートに書こう」と促しました。

④ノートに書けた児童には「自分で自分にアリの声で説明しよう」と促しました。自己説明です。これにより，自分の考えをはっきりさせ，友だちやクラスに説明できそうだという自信がもてました。

⑤説明の手本を教師が示し，教師の後について同じように声に出して言わせました。その時必ず「○○の考えを使って考えると……」と，考え方を示すフレーズを使いました。同様に，よく説明できた友だちをモデルとして真似するように促しました。

⑥友だちが板書した考えを見ながら，その友だちの考え方を推察し，隣どうしで説明し合いました。友だちの考え方を自分で説明してみることで，その思考過程をたどり，よさに気づけました。

⑦グループの中で順番に説明するときには，まず，自分の前に発表した児童と，同じ考えか違う考えかを言うようにしました。他者の考えを注意して聴き，自分の考えと比べたり，考えのよさに気づけるようになりました。

⑧問題解決の過程で出てきたよい考え方は，「考えちょ金」として板書しました。児童はそれをノートに書き写し，その頁にインデックスシールを貼って見出しを書き込み，いつでも参照できるようにしました（写真）。最初は教師主導でしたが，次第に児童から「あ，ちょ金できそう！」という声があがるようになりました。インデックスが並んだノートは1冊の辞典のようになり，それを使って新しい問題を考える姿がみられました。学ぶ－振り返る－生かすサイクルが回りはじめたのです。

　説明が苦手だったT児の変化を追ってみましょう。5月にT児は,「いちご20こを,5人で同じ数ずつ分ける。1人分は何こになるか」という問題に,おはじきを使って答えを求めました。しかしその説明を書くことはできませんでした。「いちごが72こある。8人で同じ数ずつ分けると1人分は何こか」という問題にも,おはじきを使って考えようとしましたが,数が大きいのであきらめました。しかしグループでの話し合いで友だちが,「8の段の九九を使って考えれば見つけられる」と説明するのを聞きました。すると次に,「クッキーが12こ焼けた。3人で同じ数ずつ分けると1人分は何こか」という問題が出されると,図をかいたうえで先ほどの友だちの考えを生かして,「12÷3のこたえは,3の段の九九で見つけられるから,答えは4」と説明できたのです。

　7月になるとT児はだいぶん説明に慣れてきました。「14このクッキーがある。1人に3こずつ分けると,何人に分けられるか」という問題に対して,「14このクッキーを1人に3こずつ分けると,まず14÷3はできないから,14−2をして考えたら,12÷3になって,3×4＝12をして,12÷3＝4になって,4人までなら分けられます」と説明できました。

　児童たちのノートを分析すると,2学期末になるとほぼ全員が,既習の考え方をもとにして問題を解き,考え方を説明できるようになっていました。算数が苦手だった児童も,友だちの考えを聞いて自分の考えをもち,説明できるようになったのです。また算数以外の教科でも,自分の考えや大切な事柄を説明できるようになりました。

第8章

一人ひとりの特性に応じた指導と学習心理学

活かせる分野

　読者の皆さんの多くは，小学校から中学校，高校，大学と，学校に通って学ぶ生活をしてこられた方だと思います。その中で，皆さんの多くは，ある「共通した道具」を使って学習の経験を積んできたはずです。それは「紙と鉛筆」です。紙に印刷された教科書や書籍，資料集，問題集を読んだり，鉛筆を使って紙のノートや解答欄に文字や数字，図を書いたりと，「紙と鉛筆」は，多くの人々にとって，教室での学びを支える道具の基本として使われてきました。

　ところが，紙と鉛筆は，一部の人たちにとって，逆に学びを妨げる大きな障壁になることがあります。たとえば，視覚障害があって印刷された文字を見て読むことが難しい人たちがいます。肢体不自由などの障害があって，鉛筆を握って文字を書くことが難しい人たちもいます。そうした人たちは，紙と鉛筆の使用だけが前提となっている場所では，十分に学ぶことができません。しかし，それらの人たちの他にも，言語を理解できないわけではなく，目が見えないわけでもなく，また手足が動かないわけでもなく，別の理由で紙や鉛筆での読み書きなどが難しい人たちがいます。それは「学習障害」とよばれる障害のある人たちです。

1節　学習障害とは

1. 学習障害における「学習」

　この学習障害という用語に含まれている「学習」とは，「経験を通して行動が変化するメカニズム」という，心理学でいうところの狭義の「学習」とは異なっています。ここでいう学習とは「学業において必要となる能力」を意味しています。つまり，印刷された文字や単語を正確かつ流ちょうに読んだり，文章を読解する能力。鉛筆などの筆記具で文字を書いたり，文章として表出する能力。それに暗算や筆算で算数の計算をしたり，数学的な概念を理解して問題を解くことなどの能力です。学習障害とは，知能検査では全体的な知的な遅れが見つからないのに，読んだり，書いたり，計算をしたりする等の能力のいずれか（または複数）に，そこだけに特化した極端に困難な部分があることを意味しています。たとえば，言葉で話をすると非常に流ちょうで理解力も高いのに，印刷された文字を読もうとすると大変たどたどしく理解が追いつかないとか，書物を読んで理解する高い能力をもっているのに，鉛筆で文字を書こうとするとほとんど書けなかったり，何と書いてあるのか本人でも判別できないような文字になってしまったりする，といったことがあげられます。

　読者の皆さんは，これまでこの「学習障害」という言葉をあまり耳にしたことのない人も多いのではないでしょうか。しかし，実際には，学習障害はあまり珍しい障害ではありません。文部科学省（2012）の統計では，通常の学級の中に，読みまたは書きに著しい困難があり，学習障害が疑われる児童生徒が，およそ 2.5％いるといわれています。つまり，クラスに 1 人か 2 人は，学習障害のある生徒がいてもおかしくないくらいの割合です。「そんな人とは会ったことがない」と感じる人もいるでしょう。手足や視覚，聴覚にはっきりした障害がある人と比べて，学習障害があることは，外見からは非常にわかりづらいものです。そのため，学習障害は「見えない障害（invisible disability）／隠れた障害（hidden disability）」とよばれることもあります。学習障害のある本人ですらも，学習障害という障害のことを知らず，「どうして自分は文字を読んだり書いたりすることがこんなに大変なんだろう。他の人はすらすらと読んでいるから，自分は努力が足りないのだろう

か」と悩んでいることも少なくありません。

2．学習障害の定義

　もともと，学習障害という用語は，教育現場で適切な教育の機会に参加できていない児童生徒の学習を支援したいというニーズから生まれてきたものです。「学習障害（learning disability）」という用語は，アメリカの心理学者であり，「特別支援教育の父」ともよばれる教育者でもあったサミュエル・カーク（Kirk, S. A.）博士によって，1963年に提唱されました。学校教育の場面で，全般的な知能には遅れがなく，視覚や聴覚の障害も見られないのに，言語面の能力，読むことや話すこと，それにコミュニケーション面に困難のある子どもたちがいることについて言及し，そうした子どもたちに学習障害という概念を適用して，適切な教育を行う必要性を論じました。

　学習障害は，学校生活で子どもたちがどのようなことに困り，学習や学校生活から排除される結果になってしまうのか，そうした子どもたちにはどのような教育を行っていくべきなのか，という教育上の問題を解決するために考え出された構成概念であるといえます。生物学的な基盤に基づいた疾患とは異なる視点から生み出された概念であるということです。認知面や心理面の，特定の領域の機能だけに制限があることにより，学習や学校生活への参加が極端に難しくなっている子どもたちがいて，それは知的障害とよばれてきたような全般的な知能の障害とは異なるのだ，という視点が，非常にエポックメイキングな発見であったといえます。

　米国障害者教育法（Individuals with Disabilities Education Act; IDEA）では「特異的学習障害（specific learning disability）」という用語が使われ，「話しことばや書きことばの理解や使用に関与する基礎的心理的過程において，1つないしそれ以上の障害のある子どもを意味し，これら障害は，聞く，考える，話す，読む，書く，綴る，または計算する能力の不完全として現れる。（中略）一次的に，視覚，聴覚，運動の障害の結果，精神遅滞，情緒障害の結果，または環境的，文化的若しくは経済的に恵まれない結果として，学習上の問題をもつ子どもは含まない」と定義されています。また，米国の教育現場において，特異的学習障害は，その特異的な困難がある機能制限の種別に応じて，

第8章　一人ひとりの特性に応じた指導と学習心理学　137

読字障害（dyslexia：ディスレクシア），書字障害（dysgraphia：ディスグラフィア），計算障害（dyscalculia：ディスカルキュリア）という用語も一般的に使われています。

文部省（1999）の学習障害の定義では，「学習障害とは，基本的には全般的な知的発達に遅れはないが，聞く，話す，読む，書く，計算するまたは推論する能力のうち特定のものの習得と使用に著しい困難を示す様々な状態を指すものである。学習障害は，その原因として，中枢神経系に何らかの機能障害があると推定されるが，視覚障害，聴覚障害，知的障害，情緒障害などの障害や，環境的な要因が直接の原因となるものではない」とされています。この定義は，現在の文部科学省の定義にもそのまま引き継がれています。

一方で，英国の教育や福祉制度においては，「学習障害（learning disability）」という言葉の意味には，米国の特異的学習障害よりもずっと幅広い意味があり，知的障害を含んでいます。英国で，米国の特異的学習障害に類する意味する言葉としては，「特異的学習困難（specific learning difficulties）」という言葉を使います。ただし，米国の特異的学習障害の3障害に加えて，注意欠如／多動性障害（attention dificit/hyperactivity disoder: AD/HD）と発達性協調運動障害（developmental coodination disorder，英国では dyspraxia という用語が使われます）が含まれています。

医学的な診断基準としては，アメリカ精神医学会の DSM-5 が代表的なものの1つです（American Psychiatric Association, 2013）。DSM-5 では，「特異的学習障害（specific learning disorders）」について，読むこと，書くこと，計算することのいずれかについて，特異的な機能制限のある障害であることを明示しています。聞くことや話すこと，コミュニケーション面の困難については，特異的学習障害の定義には含まれていません。つまり，自閉症スペクトラム障害や AD/HD，コミュニケーション障害など，その他の障害による診断と特異的学習障害の診断が，明示的に分けられるようになりました。

教育上の問題を解決するという観点からは，聞くことや話すことなど，教育面での困難につながる要素を含めておくことが，子どもたちの学びを保障するうえで肯定的な意義をもちます。しかし，そのために学習障害の概念自体がとても曖昧になってきたという問題がありま

した。DSM-5 では，自閉症スペクトラム障害や AD/HD と同じように，学習障害を生物学的基盤を有する障害であると明示した（室橋，2016）という変化があったといえます。教育上の問題意識から生まれた学習障害の定義は，各国の教育制度に反映される文化社会的な影響も受けていることも多く，定義としては曖昧にならざるを得ないところもあります。そこで DSM では，医学的診断を行うための明確な基準を作ることを目指しているということです。その国の子どもたちの教育を受ける権利を保障する教育活動と医学的診断基準を作る活動は，ちょうど車の両輪のような相補的な関係で，学習障害についての理解を進めているといってよいでしょう。

　日本では，上記の文部省定義にあるように，「学習障害」というときには，米国障害者教育法でいうところの特異的学習障害に近い意味をもっています。英国のような幅広い意味はとられていません。本章でも，「学習障害」とよぶときには，特異的学習障害のことを意味すると考えてください。日本でも最近，学習障害についての認知が広まってきた結果，「ディスレクシア」などのカタカナでの呼称も，教育現場を主として次第に知られるようになりつつあります。そのため本章でも，ディスレクシアやディスグラフィアという用語を使います。

2 節　学習障害と社会参加

1．学習障害と社会的成功

　学習障害のある人たちは，上記のように，特定の学業スキルについては大きな困難を抱えているものの，それ以外の面では障害があるわけではありません。得意な部分を生かして，社会で活躍している人たちもたくさんいます。筆者が知っている学習障害のある人々にも，特別支援学校の教員として活躍している人（たとえば，現場の声 9 の筆者もその一人です），工芸や建築，もの作りの豊かな才能があり，建築家として活躍する人，工務店を営んでいる人，服飾デザインの学校で優秀生徒として表彰された生徒，ドローン・レースでトップレーサーとして活躍する生徒など，多彩な活躍をしている方がいます。また，ディスレクシアがあることをカミングアウトしている世界的な有名人には，映画監督のスティーブン・スピルバーグさんや，俳優のトム・

クルーズさん他，たくさんの人々がいます。歴史的に，米国や英国では早くから学習障害が世間に知られるようになっているので，自分自身に学習障害があることをカミングアウトしている人はそれらの国々に多い印象があります。

　誤解がないように説明すると，「学習障害がある人には突出した才能がある」と言いたいのではありません。学習障害があり，読み書き計算の機能障害があることと，それ以外の分野の能力を生かして社会で活躍できることは，実はまったく別のことである，ということを言いたいのです。人間の能力にはさまざまな個人差や得意不得意の凹凸がありますが，学習障害があるといわれる人たちは，学習に関する特定の部分（学習障害の場合は読み書き計算のいずれかまたは複数）に，他の多数派の人々よりも，極端な苦手さが集中している状態があるだけです。強みの部分を生かすことができる環境や職業に出会うことができれば，当然ですが，大きな成功をなす人もいるということです。

2．教育参加の権利保障

　また，もう1つ，皆さんに勘違いしてほしくないのは，人生のある時点で才能や能力がはっきりとは見えておらず，学習上の困難が顕著に見える人であっても，当然ながら，その人に合った適切な教育を受ける権利がある，ということです。実際のところ，スピルバーグさんやトム・クルーズさんも，成人して後に大きな成功を収めたものの，学校時代にはさまざまな苦労をしてきたことをインタビューなどで語っています。学習障害という障害の存在を知らない保護者や教師が，読み書き計算に大きな困難がある子どもに出会うと，単に勉強が嫌いだったり，学習内容が理解できない子どもなのかと思ってしまいがちです。学業不振の原因を子ども側にある問題であると思い込んでしまって，学校の学びの環境自体に，学習障害のある子どもたちを受け入れることを難しくする問題があるという視点には至らないことがあります。その困難は，学習障害のある生徒が他の生徒とともに参加することが想定されていない場所（たとえば，読むことや書くことに困難のある生徒が，紙と鉛筆の使用しか認められていない教室で授業や試験を受けるような場合）では，非常に大きなものとなります。

　しかし，配慮があり，学習障害のある子どもたちが学びを通じて大

きく成長することを期待して，指導上の工夫が行われている場所では，困難や大変さが大きく低減されたり，場合によってはなくなってしまうこともあります。

「教育を受ける権利」は，子どもたちの基本的な権利として，憲法に示されています。読者の皆さんでも，他の誰であっても，人間には学ぶ権利があります。本来は，学ぶために他の生徒と異なる方法を必要とする子どもがいれば，そうした子どもたちが勉強の中身に触れることができるように，学校の環境や指導上の工夫が必要なのです。そうした個別の配慮のある学び方を保障する方法は，日本では「特別支援教育」とよばれる制度的な取り組みの中で行われてきています。次節では，学習障害のある子どもたちの個々の状況に合わせた，特別支援教育について示します。

3節　学びを保障する特別支援教育

1．教育における合理的配慮

特別支援教育は，通常の学級や，通級指導教室，特別支援学級，特別支援学校などのさまざまな場所で行われます。障害のある子どもたちが将来にわたって自立や社会参加の幅を広げられるよう，学習や生活の仕方などを学ぶ自立活動を行ったり，他の生徒たちも参加する教育カリキュラムに，障害のある生徒たちも参加できるように，環境調整や指導上の工夫が行われています。

障害のある生徒の場合，以前は「障害があって，何か特別な配慮を受けたければ，特別支援学級や特別支援学校に所属する」ことが暗黙の常識のようになっていましたが，現在は状況が大きく変わりつつあります。近年は，通常の学級に所属して，通級指導教室に時々出かけていって，特別な指導を受けることも一般的になってきています。特に 2016 年に障害者差別解消法という法律ができてからは，大きな変化が起こっています。通常の学級でも，障害のある児童生徒へ「合理的配慮」とよばれる，他の人と平等な学びの機会に参加できるよう環境調整を提供することが，学校に義務化または努力義務化されるようになったのです。

第 8 章　一人ひとりの特性に応じた指導と学習心理学　141

2. ICT 機器による学習の支援

　学習障害のある子どもたちへの特別支援教育には，さまざまなアプローチ方法があります。ちなみに筆者の場合は，コンピュータやタブレットがもつ機能を使って，学習障害によって生じている制限を補い，その生徒の学習参加の幅を広げる，というアプローチを取っています（近藤，2016）。DO-IT Japan（http://doit-japan.org/）という教育プログラム事業を運営していて，全国のさまざまな障害のある小中学生，高校生，大学生の就学そしてそれ以降の就労移行に，テクノロジーを使った支援を行っています。2007 年から継続している事業で，およそ 2 千名ほどの児童生徒にテクノロジー利用に関する情報を届けたり，そのうち一部の，選抜プログラムへの参加者には，直接的な支援を提供しています。そこでは，学習障害のある児童生徒は，参加者のうちで，最も大きな比率を占める障害になりつつあります。他にも，AccessReading（http://accessreading.org/）というオンライン図書館を運営していて，紙の教科書を読むことが難しい障害のある児童生徒に，デジタル教材の形にした教科書のデータを無償で配信しています。教科書の種類は，毎年 400 種類ほどをデジタル化しています。

　いくつか具体的な事例をあげてみましょう。A 君は重いディスグラフィアのある生徒でした。読むことは得意ですし，特に数学に強い関心があるのですが，鉛筆で文字を書くことができません。書字の困難は非常に重篤で，読み書きのアセスメントを行ったところ，読みのほうは非常に流ちょうに行うことができ，読みの理解度も優れているものの，書字のほうは，自分の名前を漢字で書くことも難しい状況であることがわかりました。しかし，キーボードを使って入力すると，書字において困ることが一切なくなります。そこで学校に相談して，教室でのノートパソコンの利用を認めてもらいました。私たちは A 君に，ルートや分数，シグマやインテグラルなど，数式入力をキーボードだけで行うことができる方法を伝えました。その結果，高校入試もキーボード利用で受験することが認められ，志望していた進学校の数学科に入学することができました。高校では数学部に所属して，好きな数学の研究を続けました。大学の入試でも，同じようにキーボードを利用した受験が認められたので，進学を果たすことができました。大学

でも数学科を選択して，研究を続けています。

　Bさんは，ディスレクシアとディスグラフィア，それにディスカリキュリアがあります。通っていた小学校では，紙と鉛筆を使った指導が中心で，Bさんにとっては，授業で示されている文字情報自体がほとんど伝わらないし，書いて答えることもできない状況でした。教育委員会からは特別支援学級や特別支援学校に転籍することを助言されましたが，本人は友だちと同じ教室で学ぶことを希望しました。しかし，授業の内容がわからず，学習空白の状態が長く続きました。私たちが支援に関わるようになってからは，まず，コンピュータの音声読み上げ機能を使って，教科書や資料の内容など，文字情報を音声に変換して，耳で内容を理解する方法を伝えました。文字を拡大したり，フォントを見やすいものに変換したり，音声読み上げ機能を使って読み上げている箇所をハイライト表示したりといった方法も伝えました。教科書のデータは，前述のAccessReadingを通じて提供しました。書字については，キーボードを使って効果的にノートを取る方法を伝えました。計算については，因数分解の解答など，立式や方程式の展開については可能なのですが，その途中の四則演算でいつも間違ってしまうので，その部分について，計算機を利用して学習と解答を進めることにしました。現在は学びを少しずつ取り戻し，高校に進学して，教室で教科書やノートの代わりとしてノートパソコンを使用することを認められ，友だちと一緒に学んでいます。

　特別支援教育においては，障害により機能制限がある心理機能を，他の多数派の人々と同じように機能するように，効果的な訓練や指導を行うことが一般的に取られています。たとえば，ディスレクシアを背景として，文字を読むことが難しければ，漢字の偏と旁をわかりやすく示して，文字の構造を理解して，印刷された文字を読むことができるようになる訓練をすること，またはそうした方法を漢字や文字を書くときにも活用することが行われています。

　筆者は，こうした障害により機能制限がある心理機能を，多数派の人と同じ方法でできるように訓練するアプローチを「治療教育アプローチ」とよび，それに対してパソコン等のICTがもつ機能を使って，代替的な方法で機能制限を直接補ってしまう方法を「機能代替アプローチ」とよんでいます（近藤，2016）。後者のアプローチは，1人

の生徒が到達できる教育上のアウトカムを最大にして，高等教育進学やその後の専門的な職業への就労までを実現できる可能性があるという点で，社会的必要性が高く，筆者は，後者のアプローチで，ICT を活用した障害のある児童生徒・学生の支援を実践しています。

4節　特別支援教育と学習心理学

1. 特別支援教育を支える基礎研究

　学習障害の特別支援教育において，学習心理学は大きな役割を果たしています。学習障害の個々の機能制限について，提唱された障害仮説と，一般化された記憶や理解過程などの心理モデルを統合して，学習障害の適切なモデルを考察する役割です。ここまで述べてきたように，学習障害は，教育上のニーズから生まれてきたものです。教育現場で，今まさに生徒が示している臨床的な学習上の困難が，どのようなメカニズムから生じているのかを知ることが大事です。そして，その研究は，今も少しずつ進んできています。たとえば，ディスレクシアを説明する仮説についても，音韻処理障害説，小脳障害説，二重障害説，大細胞障害説など非常に多数の障害仮説（稲垣，2010）が提唱されています。

　上記のうちで，ディスレクシアが生じる背景について，広く知られている障害仮説は，音韻処理障害説とよばれるものです。言葉を構成している個々の音韻を意識して，さらに分解したり入れ替えたりすることが難しいことが，ディスレクシアが起こる背景にあるとするものです。たとえば，日本で教育を受ける生徒の場合，ディスレクシアがあると，小学校の時には顕著な障害とはならなかったものが，中学校で英語を学ぶようになると，英語に特異的に顕著な読み障害が生じてくることがあります。このことを，言語による透明性と粒性（Wydell & Butterworth, 1999）の観点から説明する仮説が提唱されています。イタリア語やスペイン語では，英語と比べてディスレクシアの発生率が低いといわれています。それは，英語では綴られた文字と音の対応関係が低い（透明性が低い）ため，対応関係の高いイタリア語やスペイン語などの他の言語と比べて，ディスレクシアの発生率の高さにつながっていると推論されています。また，粒性とは，その言語におい

144

て使用される音素の大きさを意味します。英語は使用される音素の粒度が小さいため，やはりそのことも，ディスレクシアの生起しやすさにつながるといわれています。

2．今後の課題

　学習障害は，その複雑さから，十分に知られていないことが多数あります。漢字かな交じり表記を用いる日本語において，英語圏のようにアルファベットのみを用いる言語圏で行われた記憶や理解過程の研究がどの程度役立つのか，また，文字の読みだけではなく，書きと読みの相互作用についてどのようにモデル化するかなど，学習障害の心理学的研究には，まだまだ明らかにされるべきテーマが残されています。

　本章で述べたような，文字言語を介さずに，音声を中心に学習を進めるようなテクノロジーとそれらを利用した学習方法が登場したことで，学習障害のある人のための新しい言語理解過程についての研究も必要となるでしょう。

　いずれにしても，本章で示したように，学習障害の概念は，子どもたちをよりよい教育の機会に最大限，参加できるように保障したいという教育者の思いから生まれたものです。学習心理学が構築してきた学習過程や記憶，理解などの研究が，特別支援教育のよりよいプログラムに結実するように，基礎的な心理学研究と教育現場での応用の連携が期待されています。

第8章　一人ひとりの特性に応じた指導と学習心理学　145

現場の声 8

通級指導教室での子どもに応じた指導

● 子どもたちに「できる喜び」を
- 聞くのも話すのも苦手で，会話をしていてもスムーズに話が進みません。
- 「さかな」が「たかな」になって，サ行の発音がタ行に変わってしまいます。
- 「あ，あ，あ，あのね，……」と言葉を繰り返す吃音があります。
- 練習しても漢字が書けるようにならず，平仮名ばかりの作文を書きます。

このように子どもの様子を話す保護者が，不安と期待をもって通級指導教室にお越しになります。通級指導教室とは，通常の学級に在籍している支援の必要な子どもに対して，週１回程度，定期的に一人ひとりの教育的ニーズに応じた指導を行う教室です。単に授業の遅れを補ったり，予習したりするのではなく，その子のニーズに合ったオーダーメイドの指導を行っています。

川崎市の通級指導教室は，言語・情緒等・難聴の３教室があり，筆者が担当する「言語」では，知的な遅れはないものの，「聞く・話す・読む・書く」に困難さがあったり，発音の誤りや吃音の症状が出ていたりする子どもが対象です。

どの子も「できるようになりたい」と思っています。しかし，できないことが多くなると「どうせやってもできない」と意欲をなくしてしまう子が少なからずいます。そのため，個別指導や小集団指導の中でその子の苦手な面をカバーできるように，得意な力を活かしながら一人ひとりの子どもに合わせた学び方を考えて指導しています。しかし，それは容易なことではありません。常に試行錯誤を繰り返しながら，目の前にいる子どもをよく観察し，どのようなアプローチをしていくことが有効かを考えていきます。そして，

指導室にはパソコン，TV，水道があります

少しずつ「通級でできるようになったこと」を「学級でもできること」にしていけるように学級の先生と協力しながら指導を行うようにしています。

● 読み書きが苦手な子の事例 ─────

　4年生のA君は漢字の読み書きが苦手で，授業中は寝ていたり，教科書も違うページを開いてぼーっとしていたりと授業に参加できていない状態でした。テストやノートは白紙のことも多く，書いても「パンわパンでも……」と誤表記があります。けんかも多く，「頭悪いから，どうせやってもできない」と自己肯定感も低くなっていました。検査結果からは，知的には遅れはなく，話す聞くを含めた言語能力は高いことがわかりました。しかし，読み書きに関しては平仮名でも1年生の平均よりも低い結果でした。このことから，読み書きの課題では，書かれている文字を追うのに必死で内容を理解するまでにはいたらないのではないかと推測しました。そこで，良好な言語能力を活かし，聞くことで内容を理解したり，話すことで書くことをカバーしたりすることが学校生活の意欲につながるのではないかと考えました。

　教科書は，タブレットでの音声教科書を使うように勧めました。A君は当初使用を拒んでいましたが，文字が読み上げられることで，文の内容が正確にわかるようになり，現在は学級でも使用しています。テストは，担任の先生が文を読むことにより，格段に点数が上がりました。ノートは，色で囲った大事なところだけを書くようにしています。作文は，話したことを代筆や音声入力で文字化することで取り組むことができるようになりました。連絡帳は，写真に撮って家で拡大して読むようにしています。自己肯定感が低かったA君ですが，「読むのや書くのは苦手だけど，読んでもらったらわかる。できるようになる」と言うようになり，友だちとのけんかもなくなりました。

● 子どものもつ力を活かす指導を目指して ─────

　どの子にも指導の終わりに「よかったこと，がんばったこと」を伝えるようにしています。「どうせできない」などの発言の裏には，「本当はできるようになりたい」という気持ちがあるように思います。子どもたちが話す後ろ向きな発言以上に「よかったね」「こうしたらできたね」「がんばったね」「ありがとう」「おかげで助かった」などの言葉をさりげなく，たくさん伝えるように心がけています。本人の努力だけでは解決できないこともあります。筆者は，子どもの障壁となる事柄を取り除き，その子のもっている力を活かして学びにアクセスできるよう，これからも子どもに寄り添うサポーターでありたいと思っています。

「学習に困難」がある子どもたちがおかれている現状

現場の声9

　近年，学習障害等の診断が身近な小児科等で得られるようになってきました。それを受けて，通級指導を受けたり，通常学級の中で配慮を得たりして学習を進める子どもたちが増えてきました。

　しかし先日，「話したり計算したりすること」は同年齢の友だちと同じようにできても，「黒板をノートに書き写すこと」が苦手な児童が相談に来ました。書き写すのに人の３倍も４倍も時間を要し，そうして書き上げたノートを自分で読み返そうとしても，きれいに書き写せないために読めなくて困っていました。それ以上に，実際に困っていたのは，先生や友だちから「ふざけている」「怠けている」と誤解され中傷されていることでした。それにより，不登校傾向になり，チック症状も現れていました。医療は，眼科を受診したり，精神科を受診したりしていました。そして相談機関を経て，小児科で学習障害の診断を得てきた児童でした。相談機関を含め医療機関では，診断名以外に「どんな配慮点が必要なのか」「どんな指導が有効なのか」が示されることはなく，状況が変わらないということで筆者のところにたどり着いたケースでした。

　本来，筆者がはじめに行うべきことは「アセスメント」でしょう。しかし，上記のケースのように相談機関や医療機関を回りさまざまな検査等を受けてきたり，学校内でつらい経験をしたりしている子どもたちです。そのような状態で検査を行っても，本来の力量を結果に反映できないことがほとんどです。

　そこで実際は，そうした子どもと出会ったときに行うのは「心のケア」の意味合いが大きい世間話（カウンセリング）です。その中で，どんな困難さがどんな場面であったのか，そしてどういう対応を受けてきたのかを聞き取ったり，得意なことや好きなこと，余暇の過ごし方などを教えてもらったりすることで全体像としての「アセスメント」ができます。

　次に行うのは，夢や目標を描く取り組みです。それは必ずしも学習に直結するものではありません。その子が願いをもてる心理状態になれることが重要だと考えています。つまり，それだけメンタル的に病んだ状態で筆者のところにやってきている子どもたちが多いということです。夢や目標のビジョンが明確になり，それを共有できれば，筆者の仕事の半分まで達成したといっていいでしょう。

　ビジョンが共有できたら「作戦会議」をします。筆者から，困難さに対してどんな作戦があるのか提案したり，本人から「こんな支援があったら」というものを出し合ったりする会議です。多くの子どもたちは「そんなことは

学校では許してもらえないのでは……」「自分だけそんなことしたら……」
という気持ちがあり，なかなかこんな支援があったらということが口にできないようです。そこで，現実的なことは考えずに「あったらいいな」を出し合うようにしています。

　次に，その子の困難さ軽減につながる具体的な作戦を，その子のおかれている環境に合うよう試行錯誤していきます。そこで最大の配慮をしていることがあります。たとえば，タブレットを使うスキルがない子どもが，いきなりタブレットを使っても，その効果はすぐにみられることはありません。それもふまえて，新たな挫折経験につながらないように作戦を試行錯誤していきます。

　次に，作り上げた作戦で「まずは○○をしよう」と短期目標を設定します。多くの場合，家庭で行う作戦と学校で行う作戦に分かれます。それぞれの作戦を家庭にも学校にも知ってもらうことは大切です。それにより，本人に向けられる周囲の目が優しくなることを経験的に感じています。一定期間その作戦を試してみてチェックすることも必要なことです。①「いつ」チェックを行うか，②「こんな状況になったら中断する」という打ち切りの基準の2点を決めてチェックするようにしています。それにより適切なチェックが行え，自尊感情を落とさずに正のスパイラルに入っていけると考えています。

　ここまでたどり着くのには本人も支援者も相当な労力を必要とします。何が要因になっているかと考えると，「学校現場の理解を得るための説明」と「特別扱いに対する本人の意識」が関係しています。学校現場に対しては，障害理解から説明し，その子への配慮が特別扱いではなく合理的配慮にあたるという合意形成を繰り返すこと。そして，他の子どもや保護者への対処まで丁寧に話し合っていくことが必要となります。また，本人に対しては，障害をマイナスイメージとして受け止めるのではなく，優劣など関係ない特性として受け止めたり，「これは苦手だけどこうすればいい」，「これは苦手だけどこれは得意」と自己有能感がもてたりするように導いていく必要があります。この課題が，「早期発見・早期対応」と並んで，基礎的環境整備の一部として整備されることを願っています。

　現在，教育，医療，相談機関は，過渡期を迎えていると感じています。各機関間の連携は進んできていますが，心理学の専門家や有資格者はまだまだ少ないです。もし，各機関に心理学を専門に学んだ人材がいてくれれば，その人たちが早い段階で子どもたちを救ってくれるでしょう。それにより子どもたちは，たらい回しになったり，メンタル的に病んだりせずにいられることでしょう。そして，現場も合理的配慮を得られやすくなるでしょう。心理学の側面から，各種心理検査を実施できるだけでなく，アセスメントをもとに，適切な対応にまでつなげられる人材が求められています。

付録　さらに勉強するための推薦図書

◆第1章

『学習の理論　原書第5版』（上・下）
　バウアー＆ヒルガード（著）（1981）梅本堯夫（監訳）（1988）培風館

　Bower, G. H., & Hilgard, E. R. (1981). "*Theories of learning* (5th ed.)." (Englewood Cliffs, NJ: Prentice-Hall) の日本語訳です。上巻では行動主義的な学習理論研究，下巻では認知理論的な学習研究と教育への応用などが詳しく紹介されています。

◆第2章

『メイザーの学習と行動　日本語版第3版』
　メイザー（著）（2005）磯　博行・坂上貴之・川合伸幸（訳）（2008）二瓶社

　Mazur, J. E. (2006). "*Learning and Behavior* (6th ed.)." (Upper Saddle River, NJ: Pearson Prentice Hall) の日本語訳です。条件づけとその応用について，かなり詳しく説明しています。

『増補　オオカミ少女はいなかった－スキャンダラスな心理学－』
　鈴木光太郎（2015）ちくま文庫

　アルバート坊やの実験を含めて，心理学の歴史的に有名な研究の裏話を集めています。

『動物たちは何を考えている？－動物心理学の挑戦－』
　日本動物心理学会（監修）藤田和生（編）（2015）技術評論社

　学習心理学だけではなく，動物心理学全般の研究について中高校生向けに書かれています。

◆第3章

『記憶の生涯発達心理学』
　太田信夫・多鹿秀継（編）（2008）北大路書房

　記憶に関する発達的変化についてがわかりやすく解説されています。具体的な実験も数多く紹介されています。

『英語教育学と認知心理学のクロスポイント
－小学校から大学までの英語学習を考える－』
太田信夫・佐久間康之（編）（2016）北大路書房

英語教育に関して，記憶に関する認知心理学の視点での教育方法等が具体的に紹介されています。英語学習に関心のある人向き。

◆第4章

『メタ認知－基礎と応用－』
ダンロスキー＆メトカルフェ（著）（2009）　湯川良三・金城　光・清水寛之（訳）（2010）北大路書房

Dunlosky, J., & Metcalfe, J. (2009). "*Metacognition.*" (Los Angeles: Sage) の日本語訳です。メタ認知研究の歴史から説き起こし，基礎から応用，メタ認知の生涯発達まで詳細に解説されています。

『メタ記憶－記憶のモニタリングとコントロール－』
清水寛之（編）（2009）北大路書房

メタ記憶の研究について理論と実証研究に加えて生涯発達や応用研究まで総合的に紹介しており，研究課題を概観することができます。

『子どもの記憶－おぼえること・わすれること－』
ケイル（著）（1990）　高橋雅延・清水寛之（訳）（1993）サイエンス社

Kail, R. (1990). "*The development of memory in children* (3rd ed.)." (New York: W. H. Freeman) の日本語訳です。メタ記憶の発達を含む記憶能力の発達について，多くの実験をわかりやすく紹介しています。

◆第5章

『自ら学ぶ意欲の心理学－キャリア発達の視点を加えて－』
櫻井茂男（著）（2009）有斐閣

動機づけや学習意欲など概念，理論の整理，学習意欲の発達，教育実践との関わりなど，仕事への応用という視点で役に立ちます。

『学ぶ意欲の心理学』
市川伸一（著）（2001）PHP 新書

基礎的な動機づけの研究が手際よく整理されています。本書の後半に収録された対談は，学習意欲研究の意義を考えるうえでたいへん興味深いものです。

◆第 6 章

『実践家のための認知行動療法テクニックガイド
　　－行動変容と認知変容のためのキーポイント－』
　坂野雄二（監修）鈴木伸一・神村栄一（著）（2005）北大路書房

　著者らの認知行動療法技法のワークショップの内容をまとめた入門レベルのテキストです。基本的なことがらがていねいに具体的に解説されています。

『できる！をのばす　行動と学習の支援
　　－応用行動分析によるポジティブ思考の特別支援教育－』
　山本淳一・池田聡子（著）（2007）日本標準

　応用行動分析の視点に立つ指導法として，ABC 教育法を具体的に解説しています。「学習理論を教育に役立てる」ことを理解するのに役立ちます。

◆第 7 章

『学習支援のツボ－認知心理学者が教室で考えたこと－』
　佐藤浩一（2014）北大路書房

　発問，グループ学習，言語学習，家庭学習，評価などのポイントを，専門用語をほとんど用いず解説しています。小中学校の教員向け。

『受験カウンセリング－心理学が教えてくれる上手に学ぶ秘訣 40 －』
　宮川　純（2015）東京図書

　学習，対人関係，やる気に関する研究をもとに，どう勉強に取り組むか，周囲はどうサポートできるか解説しています。中学生・高校生，教員，保護者向け。

『使える脳の鍛え方－成功する学習の科学－』
　ピーター・ブラウン，ヘンリー・ローディガー，マーク・マクダニエル（著）
（2014）　依田卓巳（訳）（2016）NTT 出版

　学習心理学の最新の研究成果をもとに，効果のある学習方法を解説しています。少し厚いが刺激的な一冊。教員，社会人向け。

◆第8章

『LD（学習障害）のすべてがわかる本』
上野一彦（2007）講談社

LDについての基礎的な知識や特別支援について，幅広く学ぶために役立つ書籍です。豊富なイラストや平易な文章を使ってわかりやすく内容が書かれています。

『読めなくても，書けなくても，勉強したい －ディスレクシアのオレなりの読み書き－』
井上　智・井上賞子（2012）ぶどう社

LDが知られていなかった時代に，LDのある著者が経験したことが記された書籍です。書かれていることは現在の教育現場に潜む問題を考えるうえでも大切なことばかりです。

『健康ライブラリーイラスト版　発達障害の子を育てる本 －ケータイ・パソコン活用編－』
中邑賢龍・近藤武夫（著）（2012）講談社

情報機器などのツールを活用して障害児の育ちを支援する方法の紹介にとどまらず，障害者の支援に「ツールを活用する」ことの理念を説いています。

文　献

● はじめに

Portmann, A. (1951). *Biologische Fragmente zu einer Lehre vom Menschen*. (高木正孝 (訳) (1961). 人間はどこまで動物か－新しい人間像のために－　岩波書店)

● 第1章

Anderson, J. R. (1995). *Learning and memory: An integrated approach*. New York: John Wiley & Sons.

東　洋 (1982). 教育との関連で見た認知心理学　波多野誼余夫 (編)　認知心理学講座 4　学習と発達 (pp. 1-10)　東京大学出版会

Darwin, C. (1874). *The descent of man* (2nd ed.). London: John Murray. (池田次郎・伊谷純一郎 (訳) (1979). 人類の起源　今西錦司 (編)　ダーウィン　世界の名著 50　中央公論社)

市川伸一 (2011). 現代心理学入門 3　学習と教育の心理学　増補版　岩波書店

今田　寛 (1994). 行動主義・新行動主義　梅本堯夫・大山　正 (編著)　心理学史への招待－現代心理学の背景－ (pp. 219-234)　サイエンス社

Köhler, W. (1924). *Intelligenzprüfungen an Menschenaffen* (2. Aufl.). Berlin: Springer. (宮　孝一 (訳) (1962). 類人猿の智恵試験　岩波書店)

Mednick, S. A. (1964). *Learning*. Englewood Cliffs, NJ: Prentice-Hall. (八木　晃 (訳) (1966). 学習　岩波書店)

Norman, D. A. (1981). Twelve issues for cognitive science. In D. A. Norman (Ed.), *Perspectives on cognitive science* (pp. 265-295). Norwood, NJ: Ablex Publishing.

Watson, J. B. (1913). Psychology as the behaviorist views it. *Psychological Review*, **20**, 158-177.

● 第2章

Boakes, R. (1984). *From Darwin to Behaviourism: Psychology and the minds of animals*. Cambridge University Press. (宇津木　保・宇津木成介 (訳) (1990). 動物心理学史－ダーウィンから行動主義まで－　誠信書房)

Buck, R. (1988). *Human motivation and emotion* (2nd ed.). John Wiley & Sons. (畑山俊輝 (監訳) (2002). 感情の社会生理心理学　金子書房)

Eysenck, M. (2000). *Psychology: A student's handbook*. Psychology Press. (山内光哉 (監修) (2008). アイゼンク教授の心理学ハンドブック　ナカニシヤ出版)

廣松　渉・子安宣邦・三島憲一・宮本久雄・佐々木　力・野家啓一・末木文美士 (編) (1998). 岩波哲学・思想辞典　岩波書店)

今田　寛 (1996). 学習の心理学　培風館

実森正子・中島定彦 (2000). 学習の心理－行動のメカニズムを探る－　サイエンス社

Klein, S. B. (2009). *Learning: principles and applications* (5th ed.). Sage Publications.

Lorenz, K. (1943). Die angeborenen Formen möglicher Erfahrung. *Zeitschrift für Tierpsychologie*, **5**, 235-409.

Mazur, J. E. (2005). *Learning and Behavior* (6th ed.). Prentice-Hall. (磯　博行・坂上貴之・川合伸幸 (訳) (2008). メイザーの学習と行動　日本語版第 3 版　二瓶社)

Pearce, J. M. (1987). *Introduction to animal cognition*. Hillsdale, NJ: Lawrence Erlbaum Association. (石田雅人・石井　澄・平岡恭一・長谷川芳典・中谷　隆・矢沢久史 (訳) (1990). 動物の認知学習心理学　北大路書房)

Seligman, M. E. P. & Maier, S. F. (1967). Failure to escape traumatic shock. *Journal of Experimental Psychology*, **74**, 1-9.

Smith, E. E., Nolen-Hoeksema, S., Fredrickson, B. L., & Loftus, G. R. (2003). *Atkinson & Hilgard's Introduction to Psychology* (14th ed.). Thomson Learning.

外林大作・辻　正三・島津一夫・能見義博（編）（1981）．誠信心理学辞典　誠信書房

鈴木光太郎（2015）．増補　オオカミ少女はいなかった－スキャンダラスな心理学－　筑摩書房

Todes, D.（2000）．*Ivan Pavlov*. Oxford University Press.（近藤隆文（訳）（2008）．パヴロフ　大月書店）

Watson, J. B. & Rayner, R.（1920）．Conditioned emotional reactions. *Journal of Experimental Psychology*, **3**, 1-14.

● 第3章

Atkinson, R. C. & Shiffrin, R. M.（1968）．Human memory: A proposed system and its control processes. In K. W. Spence & J. T. Spence（Eds.），*The psychology of learning and motivation: Advances in research and theory*（vol. 2.）．Academic Press.

Baddeley, A. D.（1986）．*Working memory*. Oxford University Press.

Baddeley, A. D.（1992）．Working memory. *Science*, **255**, 556-559.

Baddeley, A. D. & Hitch, G.（1974）．Working memory. In G. H. Bower（Ed.），*The psychology of learning and motivation*（vol. 8.）．Academic Press.

Collins, A. M. & Loftus, E. F.（1975）．A spreading-activation theory of semantic processing. *Psychological Review*, **82**, 407-428.

Craik, F. I. M. & Lockhart, R. S.（1972）．Levels of processing: A framework for memory research. *Journal of Verbal Learning and Verbal Behavior*, **11**, 671-684.

Craik, F. I. M. & Tulving, E.（1975）．Depth of processing and the retention of words in episodic memory. *Journal of Experimental Psychology: General*, **104**, 268-294.

Hanley, J. R., Young, A. W., & Pearson, N. A.（1991）．Impairment of the visuo-spatial sketch pad. *Quarterly Journal of Experimental Psychology*, **43A**, 101-125.

Komatsu, S. & Ohta, N.（1985）．Priming effects in word-fragment completion for short- and long-term retention intervals. *Japanese Psychological Research*, **26**, 194-200.

前沢幸喜・賀集　寛（1988）．再生可能語の再認失敗に対するテスト予期およびテスト順序の効果　心理学研究, **59**, 234-240.

Meyer, D. E., & Schvaneveldt, R. W.（1971）．Facilitation in recognition pairs of words: Evidence of a dependence between retrieval operations. *Journal of Experimental Psychology*, **90**, 227-234.

三宅　晶（1995）．短期記憶と作動記憶　高野陽太郎（編）　認知心理学 2　記憶（pp. 71-99）東京大学出版会

太田信夫（編）（2008）．記憶の心理学　放送大学教育振興会

Phillips, W. A. & Christie, D. F. M.（1977）．Interference with visualization. *Quarterly Journal of Experimental Psychology*, **29**, 637-650.

Pressley, M., McDaniel, M. A., Turnure, J. E., Wood, E., & Ahmad, M.（1987）．Generation and precision of elaboration: Effects of intentional and incidental learning. *Journal of Experimental Psychology: Learning, Memory, & Cognition*, **13**, 291-300.

Sloman, S. A., Hayman, G., Jaw, J., Ohta, N., & Tulving, E.（1988）．Forgetting in primed fragment completion. *Journal of Experimental Psychology: Learning, Memory, & Cognition*, **14**, 223-239.

Stein, B. S., Morris, C. D., & Bransford, J. D.（1978）．Constraints on effective elaboraition. *Journal of Verbal Learning and Verbal Behavior*, **17**, 707-714.

高橋雅延（1989）．記憶における自己選択効果　京都大学教育学部紀要, **35**, 207-217.

豊田弘司（1987）．記憶における精緻化（elaboration）研究の展望　心理学評論, **30**, 402-422.

豊田弘司（1990）．偶発記憶における検索に及ぼす精緻化の効果　心理学研究, **61**, 119-122.

豊田弘司（1995）．長期記憶 I　情報の獲得　高野陽太郎（編）　認知心理学 2　記憶（pp. 101-116）　東京大学出版会

豊田弘司（2000）．符号化のメカニズム　浮田　潤・賀集　寛（編）　言語と記憶（pp. 65-76）　培風館

Toyota, H.（2000）．Changes in the semantic constraint of spreading activation of memory across three age groups. *Perceptual and Motor Skills*, **91**, 385-390.

Toyota, H. (2011). Individual differences in emotional intelligence and incidental memory of words. *Japanese Psychological Research*, **53**, 213-220.

Toyota, H. (2013). The self-choice effects on memory and individual differences in emotional intelligence. *Japanese Psychological Research*, **55**, 45-57.

Toyota, H., Morita, T., & Taksic, V. (2007). Development of a Japanese version of the emotional skills and competence questionnaire. *Perceptual and Motor Skills*, **105**, 469-476.

豊田弘司・高岡昌子（2001）．偶発記憶に及ぼす自己選択精緻化の効果　奈良教育大学紀要, **50**, 213-219.

Tulving, E. (1972). Episodic and semantic memory. In E. Tulving & W. Donaldson (Eds.), *Organization of memory*. New York: Academic Press.

Tulving, E. & Thomson, D. M. (1973) Encoding specificity and retrieval processes in episodic memory. *Psychological Review*, **80**, 352-373.

Vallar, G., & Shallice, T. (Eds.) (1990). *Neuropsychological impairments of short-term memory*. Cambridge University Press.

Watkins, M. J. (1974). When is recall spectacularly higher than recognition? *Journal of Experimental Psychology*, **102**, 161-163.

● 第4章

Flavell, J. H. (1979). Metacognition and cognitive monitoring: A new area of cognitive-developmental inquiry. *American Psychologist*, **34**, 906-911.

Flavell, J. H., Beach, D. R., & Chinsky, J. M. (1966). Spontaneous verbal rehearsal in a memory task as a function of age. *Child Development*, **37**, 283-299.

菱谷晋介・山田幸代（1982）．メタ記憶に関する発達的研究の現状　西南学院大学文理論集, **23**, 67-82.

Kail, R. (1979). *The development of memory in children*. San Francisco: W. H. Freeman.

Miller, G. A., Galanter, E., & Pribram, K. H. (1960). *Plans and the structure of behavior*. New York: Henry Holt.

Palinscar, A. S. & Brown, A. L. (1984). Reciprocal teaching of comprehension-fostering and comprehension-monitoring activities. *Cognition and Instruction*, **1**, 117-175.

Rombach, H. (1971). *Strukturontologie: Eine Phänomenologie der Freiheit*. Freiburg, München: Karl Alber.（中岡成文（訳）（1983）．存在論の根本問題－構造存在論－　晃洋書房）

Schraw, G. (1998). Promoting general metacognitive awareness. *Instructional Science*, **26**, 113-125.

Wiener, N. (1948). *Cybernetics or control and communication in the animal and the machine*. New York: Wiley.

Zimmerman, B. J. (1998). Developing self-fulfilling cycles of academic regulation: An analysis of exemplary instructional models. In D. H. Schunk & B. J. Zimmerman (Eds.), *Self-regulated learning: From teaching to self-reflective practice* (pp. 1-19). New York: Guilford Press.

● 第5章

Deci, E. L., & Flaste, R. (1995). *Why we do what we do: The dynamics of personal autonomy*. New York: G. P. Putnam's Sons.（桜井茂男（監訳）（1999）．人を伸ばす力－内発と自律のすすめ－　新曜社）

Grolnick, W. S., & Ryan, R. M. (1987). Autonomy in children's learning: An experimental and individual difference investigation. *Journal of Personality and Social Psychology*, **52**, 890-898.

鹿毛雅治（2013）．学習意欲の理論－動機づけの教育心理学－　金子書房

桜井茂男（1992）．小学校高学年生における自己意識の検討　実験社会心理学研究, **32**, 85-94.

桜井茂男（1997）．学習意欲の心理学－自ら学ぶ子どもを育てる－　誠信書房

櫻井茂男（2009）．自ら学ぶ意欲の心理学－キャリア発達の視点を加えて－　有斐閣

櫻井茂男（2010）．自ら学ぶ意欲を育てる　初等教育資料, 6月号, 86-91.

櫻井茂男（2014）．人はなぜ行動を起こすのか－動機づけの基礎理論－　児童心理, 2014年10月号　臨時増刊, **993**, 1-10.

櫻井茂男・佐藤有耕（編）(2013).　スタンダード発達心理学　サイエンス社

栃木県総合教育センター (2013).　リーフレット　学ぶ意欲をはぐくむ　改訂版

▶ 現場の声1

栃木県総合教育センター (2011).　学ぶ意欲をはぐくむ－「学習に関するアンケート」を活用して－

▶ 現場の声2

関田一彦 (2005).　協同教育と協同学習　協同と教育, **1**, 32-35.

● 第6章

Bandura, A. (1977). *Social learning theory*.　General Learning.

原井宏明・岡嶋美代 (2008).　治療的エクスポージャー　内山喜久雄・坂野雄二（編）　認知行動療法の技法と臨床 (pp. 72-77)　日本評論社

加藤哲文・大石幸二 (2004).　特別支援教育を支える行動コンサルテーション－連携と協働を実現するためのシステムと技法－　学苑社

松見淳子 (2007).　行動療法，そして認知行動療法　下山晴彦（編）認知行動療法－理論から実践的活用まで－ (pp. 20-37)　金剛出版

宮下照子・免田　賢 (2007).　新行動療法入門　ナカニシヤ出版

Mowrer, O. H. (1947).　On the dual nature of learning: A reinterpretation of "conditioning" and "problem solving." *Harvard Educational Review*, **17**, 102-148.

Ramnerö, J. & Niklas, T. (2008). *The ABCs of human behavior*. Oakland: Context Press.（松見淳子（監修）武藤　崇・米山直樹（監訳）(2009).　臨床行動分析の ABC　日本評論社）

坂野雄二 (1995).　認知行動療法　日本評論社

佐藤正二 (2008).　社会的スキル訓練法　内山喜久雄・坂野雄二（編）　認知行動療法の技法と臨床 (pp. 36-44)　日本評論社

鈴木伸一・神村栄一 (2005).　実践家のための認知行動療法テクニックガイド　坂野雄二（監修）北大路書房

Watson, J. B. & Rayner, R. (1920).　Conditioned emotional reactions.　*Journal of Experimental Psychology*, **3**, 1-14.

Wolpe, J. (1958). *Psychotherapy by reciprocal inhibition*. Palo Alto: Stanford University Press.

山上敏子 (2007).　方法としての行動療法　金剛出版

● 第7章

有馬比呂志・中條和光 (2012).　児童における2者間の自発的分業の発達－協同記憶課題による検討－　対人社会心理学研究, **12**, 77-83.

ベネッセ教育総合研究所 (2015).　小中学生の学びに関する実態調査報告書［2014］
http://berd.benesse.jp/shotouchutou/research/detail1.php?id=4574（2018年8月6日確認）

Chi, M. T. H., Feltovich, P. J., & Glaser, B. (1981).　Categorization and representation of physics problems by experts and novices. *Cognitive Science*, **5**, 121-152.

Chi, M. T. H., de Leeuw, N., Chiu, M-H., & LaVancher, C. (1994).　Eliciting self-explanations improves understanding. *Cognitive Science*, **18**, 439-477.

深谷達史 (2016).　メタ認知の促進と育成－概念的理解のメカニズムと支援－　北大路書房

Gick, M. L. & Holyoak, K. J. (1980).　Analogical problem solving. *Cognitive Psychology*, **12**, 306-355.

堀　哲夫・仙洞田篤男・芦澤稔也 (2014).　自主学習ノートへの挑戦－自ら学ぶ力を育てるために－　東洋館出版社

伊藤貴昭・垣花真一郎 (2009).　説明はなぜ話者自身の理解を促すか－聞き手の有無が与える影響－　教育心理学研究, **57**, 86-98.

Johnson, D. W., Johnson, R. T., & Holubec, E. J. (1984).　*Circles of learning: Cooperation in the classroom*. Interaction Book Company.（杉江修治・石田裕久・伊藤康児・伊藤　篤（訳）

(1998). 学習の輪－アメリカの協同学習入門－　二瓶社)

鴨井真緒 (2017). 説明文の図解表現が心理学テキストの理解と学習に及ぼす影響　平成 28 年度群馬大学教育学部卒業研究

北尾倫彦 (2011).「本物の学力」を伸ばす授業の創造　図書文化

国立教育政策研究所 (2017). 平成 29 年度全国学力・学習状況調査報告書［質問紙調査］
http://www.nier.go.jp/17chousakekkahoukoku/report/question/(2018 年 8 月 6 日確認)

森田和良 (2006). 科学的読解力を育てる説明活動のレパートリー　学事出版

村山　航 (2003). テスト形式が学習方略に与える影響 教育心理学研究, **51**, 1-12.

太田　誠・岡崎正和 (2015). めあてと振り返りの連動による自律性の育成に関する研究－RPDCA サイクルを活かした算数の学び－　教育実践学研究, **16**, 35-45.

Roediger, H. L. III. & Karpicke, J. D. (2006). Test-enhanced learning: Taking memory tests improves long-term retention. *Psychological Science*, **17**, 249-255.

柴田雅恵・佐藤浩一・武井英昭 (2017). 自己の学びを自覚し活用する力を育む小学校国語科の説明文読解指導－読解方略と評価基準の工夫を通して－　群馬大学教育実践研究, **34**, 107-126.

Stark, R., Mandl, H., Gruber, H., & Renkl, A. (2002). Conditions and effects of example elaboration. *Learning and Instruction*, **12**, 39-60.

杉江修治 (2011). 協同学習入門－基本の理解と 51 の工夫－　ナカニシヤ出版

鈴木雅之 (2011). ルーブリックの提示による評価基準・評価目的の教示が学習者に及ぼす影響－テスト観・動機づけ・学習方略に着目して－　教育心理学研究, **59**, 131-143.

鈴木雅之 (2012). 高校生の英語定期テスト前後における学習方略とテスト観の関係－テスト接近－回避傾向を媒介要因として－　日本テスト学会誌, **8**, 19-30.

鈴木智信・武井英昭・佐藤浩一 (2015). 小学校 6 年生の国語科における書く力を育てる指導方法について－モニタリング育成による表現内容の構造化・推敲を通して－　群馬大学教育実践研究, **32**, 189-202.

田中耕治 (2005). 真正の評価　田中耕治（編）　よくわかる教育評価（pp. 34-35）　ミネルヴァ書房

植阪友理 (2016). 教師の専門性を高める「子どものつまずき」に応じた指導－個別学習指導（認知カウンセリング）から一斉授業まで－　自己調整学習研究会（監修）岡田　涼・中谷素之・伊藤崇達・塚野州一（編著）　自ら学び考える子どもを育てる教育の方法と技術（pp. 157-177）　北大路書房

植阪友理・床　勝信 (2012). 自律した学習者を育てるために生徒の学習観を変える VIEW21［中学版］, 2012 年 Vol. 3, 6-13.
http://berd.benesse.jp/magazine/chu/booklet/?id=3689 (2018 年 8 月 6 日確認)

吉田寿夫・村山　航 (2013). なぜ学習者は専門家が学習に有効だと考えている方略を必ずしも使用しないのか－各学習者内での方略間変動に着目した検討－　教育心理学研究, **61**, 32-43.

▶ 現場の声 5

阿部明子 (2015). 中学校国語科における叙述に即した読みを身につけさせるための指導の工夫－質問作りを基盤とした学習方略の使用を通して－　平成 26 年度群馬大学大学院教育学研究科専門職学位課程教職リーダー専攻（教職大学院）課題研究報告書

▶ 現場の声 6

柴田雅恵 (2016). 自己の学びを自覚し活用する力を育む小学校国語科の説明文読解指導－読解方略を取り入れた単元構想の工夫を通して－　平成 27 年度群馬大学大学院教育学研究科専門職学位課程教職リーダー専攻（教職大学院）課題研究報告書

柴田雅恵・佐藤浩一・武井英昭 (2017). 自己の学びを自覚し活用する力を育む小学校国語科の説明文読解指導－読解方略と評価基準の工夫を通して－　群馬大学教育実践研究, **34**, 107-126.

▶ 現場の声7

関口智子（2015）．数学的な思考力・表現力を育てる算数科学習指導－問題解決的な学習の改善
を考える－　平成26年度群馬大学大学院教育学研究科専門職学位課程教職リーダー専攻
（教職大学院）課題研究報告書

● 第8章

American Psychiatric Association（2013）*Diagnostic and Statistical Manual of Mental Disorders:
DSM-5*.（髙橋三郎・大野　裕（監訳）（2014）．DSM-5 精神疾患の診断・統計マニュアル

Coltheart, M., Curtis, B., Atkins, P., & Haller, M.（1993）．Models of reading aloud: Dual-route and
parallel distributed-processing approaches. *Psychological Review*, **100**, 589-608.

稲垣真澄（2010）．特異的発達障害－診断・治療のためのガイドライン－　診断と治療社

近藤武夫（編著）（2016）．学校でのICT利用による読み書き支援－合理的配慮のための具体的
な実践－　金子書房

文部科学省（2012）．通常の学級に所属する発達障害の可能性のある特別な教育支援を必要とす
る児童生徒に関する調査結果

文部省（1999）．学習障害児に対する指導について（報告）．学習障害及びこれに類似する学習
上の困難を有する児童生徒の指導方法に関する調査研究協力者会議（p.3）

室橋春光（2016）．「学習障害」概念の再検討　北海道大学大学院教育学研究院紀要, **124**, 13-31.

Plaut, D. E., McClelland, J. L., Seidenberg, M. S., & Patterson, K. E.（1996）．Understanding normal and
impaired reading, Computational principles in quasi-regular domains. *Psychological Review*, **103**,
56-115.

Wydell, T. N. & Butterworth, B.（1999）．A case study of an English-Japanese bilingual with monolingual
dyslexia. *Cognition*, **70**(3), 273-305.

人名索引

●A
Anderson, J. R.　7
有馬比呂志　122
Atkinson, R. C.　33
東　洋　9

●B
Baddeley, A. D.　36, 37
Bandura, A.　28, 97
Brown, A. L.　66
Butterworth, B.　144

●C
Chi, M. T. H.　120
Christie, D. F. M.　37
中條和光　122
Collins, A. M.　38
Craik, F. I. M.　44

●D
Darwin, C.　4
Deci, E. L.　83

●F
Flaste, R.　83
Flavell, J. H.　54, 58, 60, 64
深谷達史　117

●G
Gick, M. L.　120
Grolnick, W. S.　74

●H
Hanley, J. R.　37
原井宏明　99
菱谷晋介　59
Hitch, G.　37
Holyoak, K. J.　120
堀　哲夫　119

●I
市川伸一　5
稲垣真澄　144
伊藤貴昭　116

●J
Johnson, D. W.　122
Johnson, R. T.　122

●K
鹿毛雅治　70
Kail, R.　59
垣花真一郎　116
神村栄一　96, 99, 101, 104
鴨井真緒　115

Karpicke, J. D.　118
賀集　寛　50
加藤哲文　105
北尾倫彦　125
Köhler, W.　4, 27
小松伸一　42
近藤武夫　142

●L
Locke, J.　14
Lockhart, R. S.　44
Loftus, E. F.　38
Lorenz, K.　25

●M
前沢幸喜　50
松見淳子　103
Mednick, S. A.　3
Meyer, D. E.　39
Miller, G. A.　56
三宅　晶　37
文部科学省　136
文部省　138
森田和良　116
村山　航　114

●N
Niklas, T.　97
Norman, D. A.　6

●O
大石幸二　105
太田　誠　119
太田信夫　41-43
岡嶋美代　99
岡崎正和　119

●P
Palinscar, A. S.　66
Pavlov, I. P.　4, 11, 12, 32
Phillips, W. A.　37
Portmann, A.　ⅲ
Pressley, M.　48

●R
Ramnerö, J.　97
Rayner, R.　15
Roediger, H. L. III.　118
Rombach, H.　55
Ryan, R. M.　74

●S
坂野雄二　101
櫻井茂男　70, 73, 74, 76-78, 83
佐藤有耕　78

160

佐藤正二　103
Schraw, G.　62, 63
Schvaneveldt, R. W.　39
Seligman, M. E. P.　28
Shallice, T.　37
Shiffrin, R. M.　33
Skinner, B. F.　19, 32
Sloman, S. A.　42
Stark, R.　117
Stein, B. S.　47
杉江修治　122
鈴木光太郎　15
鈴木雅之　123
鈴木伸一　96, 99, 101, 104

●T
髙橋雅延　49
高岡昌子　49
田中耕治　124
Thomson, D. M.　50
Thorndike, E. L.　11, 18
Tinbergen, N.　25
栃木県総合教育センター　77, 85
床　勝信　127

Tolman, E. C.　27
豊田弘司　46-49, 51
Tulving, E.　38, 44, 50

●U
植阪友理　120, 127

●V
Vallar, G.　37

●W
Watkins, M. J.　50
Watson, J. B.　2, 15
Wiener, N.　55
Wolpe, J.　98
Wydell, T. N.　144

●Y
山田幸代　59
山上敏子　99-102
吉田寿夫　114

●Z
Zimmerman, B. J.　66

事項索引

●あ

ICT 機器　142
AccessReading　142
アクティブ・ラーニング　76, 121
アタッチメント　79
アドヒアランス　107
アナロジー推論　120
アハー体験　27
アルバート坊やの実験　15
安心して学べる環境　75, 85

●い

維持リハーサル　34
一次性強化子　100
意味記憶　38
意味記憶のネットワークモデル　38
医療現場における心理臨床　93

●え

鋭敏化　25
ABC 理論　96
エクスポージャー法　99
エピソード記憶　38, 40
エリスの論理－情動療法　102

●お

応用行動分析　23, 97
教え手学習効果　116
オペラント条件づけ　19
オペラント箱　19
音韻処理障害説　144
音韻ループ　36
音声教科書　147

●か

回想記憶　42
介入技法　95
外発的動機（づけ）　71
外発的な学習意欲　71
回避学習　21
回避行動　99
学習意欲　69, 89
学習意欲の測定法　76
学習意欲の分類　70
学習観　114
学習指導　65, 113
学習障害　136, 148
学習障害と社会参加　139
学習障害の定義　137
学習心理学の歴史　2
学習性無力感　28
学習に対する有能感　76
学習に対する有能感の測定　77
学習の評価　123
学習理論研究　8

●き

獲得　14
隠れた障害　136
賢いハンス　26
課題に関する知識　61
課題分析　24
活性化拡散　39
感覚貯蔵庫　33
観察学習　28
感性的予備条件づけ　17
間接プライミング効果　39, 41

記述式テスト　127
期待　28
機能代替アプローチ　143
機能的自律　80
逆制止　16
教育現場における心理臨床　92
教育を受ける権利　141
強化子　22, 100
強化スケジュール　23
教訓帰納　120, 131
教職大学院　127
協同学習　122
恐怖症　15
恐怖条件づけ　15, 95

●く

空欄補充式テスト　127
クライエント　91

●け

経験主義哲学　14
経験論　3
計算障害　138
形成的評価　124
系統的脱感作法　98
ゲシュタルト心理学　4, 27
結果予期　29
嫌悪刺激　14
嫌悪条件づけ　14, 21
嫌悪療法　104
言語的な報酬　83
顕在記憶　42
検索　43, 50
検索手がかりの利用　51

●こ

効果的な記憶方法　51
効果の法則　18
高次条件づけ　17
行動コンサルテーション　105
行動主義　2, 12
行動主義者宣言　2
行動主義的アプローチ　8

合理的配慮　141
効力予期　29
互恵的教授法　66
古典的条件づけ　12, 32
コンサルテーション　93
コントロール　55

●さ
再認失敗　50
サイバネティックス　5, 55
作動記憶　35
産業現場における心理臨床　94
産業保健活動　110
三項随伴性　20, 96

●し
CAI（computer assisted instruction）
　24
シェイピング　20, 101
時間的近接性　14
視空間スケッチパッド　36
自己教示訓練　102
自己効力感　29, 97
自己実現のための学習意欲　71
自己実現のための学習理由　77
自己実現を目指した学習意欲　82
自己生成された情報　49
自己生成条件　49
自己説明効果　116
自己選択効果　49
自己調整学習　66
自己評価能力　82
質問生成方略　128
自発的回復　16
社会的学習理論　97
社会的手抜き　122
シャトル箱　19
馴化　25, 99
障害者差別解消法　141
消去　16
条件刺激　13
条件性抑制　14
条件的知識　62
条件反応　13
状態としての学習意欲　72
小児医療現場　107
情報処理システム　31
情報処理モデル　31
食物嫌悪学習　15
所産欠如　64
書字障害　138
処理資源　37
処理水準　44
処理水準説　113
自律性　73
自律的な学習意欲　71, 73
自律的な学習意欲の育て方　78
診断的評価　123
心的外傷後ストレス障害　15

心理臨床　91

●す
随伴性　14
スキナー箱　19
ストレスチェック　94
刷り込み　26

●せ
精緻化　46
精緻化リハーサル　34
成長欲求　81
生得的反応　24
正の強化　22, 96
正の強化法　100
正の罰　22, 104
生理的早産　iii
説明活動　132
セラピスト　91
セルフエフィカシー　97
セルフモニタリング　101
宣言記憶　43
潜在学習　28
潜在記憶　41

●そ
総括的評価　123
想起意識　42
相互教授法　66
ソーシャルスキルトレーニング　103

●た
代替行動獲得　104
タイムアウト法　104
タブララサ　14
他律的な学習意欲　71
他律的な学習理由　77
短期貯蔵庫　33
単語完成テスト　41

●ち
知識獲得　31
知識による行動の制御　53
知的好奇心　73, 79
チャンク　34
中央実行系　36
中性刺激　13
長期貯蔵庫　33
貯蔵　43
治療教育アプローチ　143

●つ
対呈示　13
通級指導教室　146

●て
DSM-5　138
TOTE ユニット　56
定時制高校　89

事項索引　163

ディスカルキュリア　138
ディスグラフィア　138
ディスレクシア　138
適合性効果　46
テスト効果　118
転移　120
展望記憶　42

●と
DO-IT Japan　142
動機　70
動機づけ研究　9
道具的条件づけ　18, 32
洞察　5, 27
等身大の有能感　80
逃避学習　21
動物行動学　25
動物を使った条件づけ研究　11
特異的学習困難　138
特異的学習障害　137
読字障害　138
特性としての学習意欲　72
特別支援教育　141
読解方略　130
ど忘れ　50

●な
内観　2
内発的な学習意欲　71
内発的な学習理由　77

●に
二次性強化子　100
二重貯蔵モデル　35
二重盲検法　26
認知科学　6
認知行動療法　98
認知再構成法　102
認知心理学　5, 33
認知地図　28
認知療法　102
認知理論　4
認知理論的アプローチ　9

●は
バイオフィードバック　20
媒介欠如　64
パヴロフ型条件づけ　12
暴露療法　99
罰　18
ハビットリバーサル法　104
パフォーマンス評価　124
般化　16, 96

●ひ
ピアース＝ホール・モデル　29
非宣言記憶　43
人に関する知識　61
評価（の）基準　83, 125

評価の主体　83
評価のタイミング　123

●ふ
不安階層表　98
フィードバック　55, 125
フィードバック制御　55
符号化　43
符号化特定性原理　40, 50
物質的な報酬　83
負の強化　22, 96
負の罰　22, 104
プライミング効果　39
プラン　57
フリーオペラント法　100
ふりかえり　119
プログラム学習　23
プロンプト　100
分化強化　101

●へ
米国障害者教育法　137
勉強方法　114
弁別刺激　20
弁別刺激－反応－強化　20

●ほ
報酬　18
報酬を得るための手段　18
方略に関する知識　62
本能行動　25

●み
見えない障害　136
味覚嫌悪条件づけ　15

●む
無条件刺激　13

●め
迷路　18
メタ記憶　42, 59
メタ認知　53, 58
メタ認知的活動　61
メタ認知的経験　61
メタ認知的知識　61

●も
モーガンの公準　27
モデリング　97
モニター　55
問題箱　18

●ゆ
優越欲求　81
有能感　85

●よ
よい結果　18

欲求条件づけ　14, 21

●り
リハーサル　34
利用欠如　64

●る
ルール支配行動　97

●れ
レスポンデント条件づけ　12, 19
連合　3, 13, 14

●わ
ワーキングメモリ　35
悪い結果　18

▌シリーズ監修者

太田信夫 （筑波大学名誉教授・東京福祉大学教授）

▌執筆者一覧（執筆順）

中條和光	（編者）	はじめに，第1章，第4章
菱村　豊	（広島国際大学）	第2章
豊田弘司	（奈良教育大学名誉教授・追手門学院大学）	第3章
櫻井茂男	（筑波大学名誉教授）	第5章
鈴木伸一	（早稲田大学人間科学学術院）	第6章
市倉加奈子	（北里大学）	第6章
佐藤浩一	（群馬大学）	第7章
近藤武夫	（東京大学先端科学技術研究センター）	第8章

▌現場の声　執筆者一覧（所属は執筆当時のもの）

現場の声1	宮井由美	（真岡市立大内中央小学校）
現場の声2	大森亮一	（栃木県総合教育センター）
現場の声3	栁井優子	（国立がん研究センター中央病院）
現場の声4	田上明日香	（SOMPOヘルスサポート株式会社）
現場の声5, 6, 7	佐藤浩一	（群馬大学）
現場の声8	保田美紗子	（川崎市立久本小学校）
現場の声9	神山　忠	（岐阜市立岐阜特別支援学校）

【監修者紹介】

太田信夫（おおた・のぶお）

1971 年　名古屋大学大学院教育学研究科博士課程単位取得満了
現　　在　筑波大学名誉教授，東京福祉大学教授，教育学博士（名古屋大学）

【主著】
　記憶の心理学と現代社会（編著）　有斐閣　2006 年
　記憶の心理学（編著）　ＮＨＫ出版　2008 年
　記憶の生涯発達心理学（編著）　北大路書房　2008 年
　認知心理学：知のメカニズムの探究（共著）　培風館　2011 年
　現代の認知心理学【全 7 巻】（編者代表）　北大路書房　2011 年
　Memory and Aging（共編著）　Psychology Press　2012 年
　Dementia and Memory（共編著）　Psychology Press　2014 年

【編者紹介】

中條和光（ちゅうじょう・かずみつ）

1987 年　広島大学大学院教育学研究科博士課程後期中途退学
現　　在　広島大学大学院人間社会科学研究科教授（博士（心理学））

【主著】
　認知心理学キーワード（編著）　有斐閣　2005 年
　言語心理学（分担執筆）　朝倉書店　2006 年
　学習心理学－理論と実践の統合をめざして－（共著）　培風館　2011 年
　認知・学習心理学（編著）　ミネルヴァ書房　2012 年

シリーズ心理学と仕事 4　学習心理学

| 2018 年 12 月 20 日　初版第 1 刷発行 | 定価はカバーに表示 |
| 2021 年 6 月 20 日　初版第 2 刷発行 | してあります。 |

監 修 者　　太田信夫

編　者　　中條和光

発行所　　（株）北大路書房

〒603-8303　京都市北区紫野十二坊町 12-8
電　話（075）431-0361（代）
FAX（075）431-9393
振替　01050-4-2083

©2018　　　　　　　　　　　　イラスト／田中へこ
印刷・製本／創栄図書印刷（株）
検印省略　落丁・乱丁本はお取り替えいたします。
ISBN978-4-7628-3048-8　Printed in Japan

・ JCOPY 〈(社)出版者著作権管理機構 委託出版物〉
本書の無断複写は著作権法上での例外を除き禁じられています。
複写される場合は，そのつど事前に，(社)出版者著作権管理機構
（電話 03-5244-5088,FAX 03-5244-5089,e-mail: info@jcopy.or.jp)
の許諾を得てください。